ÉLÉMENTS

DE

GRAMMAIRE LATINE

EXTRAITS DES DEUX PREMIERS LIVRES

DU

P. E. ALVAREZ

DE LA COMPAGNIE DE JÉSUS

A L'USAGE

du Cours Inférieur de Grammaire

(CINQUIÈME ET SIXIÈME)

MONTAUBAN

VICTOR BERTUOT, IMPRIMEUR DE MONSEIGNEUR L'ÉVÊQUE

M DCCC LXIII

X

24734

ÉLÉMENTS

DE

GRAMMAIRE LATINE

ÉLÉMENTS
DE
GRAMMAIRE LATINE

EXTRAITS DES DEUX PREMIERS LIVRES

DU

P. E. ALVAREZ

DE LA COMPAGNIE DE JÉSUS

A L'USAGE

du Cours inférieur de Grammaire

(CINQUIÈME ET SIXIÈME)

MONTAUBAN
VICTOR BERTUOT, IMPRIMEUR DE MONSEIGNEUR L'ÉVÊQUE

M DCCC LXIII

C.

GRAMMAIRE LATINE

NOTIONS PRÉLIMINAIRES

1. — Il y a en latin neuf sortes de mots : le *Nom*, l'*Adjectif*, le *Pronom*, le *Verbe*, le *Participe*, l'*Adverbe*, la *Préposition*, la *Conjonction*, et l'*Interjection* ; deux nombres : le *Singulier* et le *Pluriel* ; trois genres : le *Masculin*, le *Féminin* et le *Neutre*.

Les *Substantifs*, les *Adjectifs*, les *Pronoms*, les *Participes* prennent, selon le rôle qu'ils jouent dans le discours, différentes terminaisons que l'on appelle *cas*, du mot latin *casus*. La partie du mot qui précède ces terminaisons se nomme *radical*. Ces cas sont au nombre de six :

Le *Nominatif*, sujet du verbe.
Le *Vocatif*,
Le *Génitif*,
Le *Datif*,   } régimes ou compléments.
L'*Accusatif*,
L'*Ablatif*,

L'article et certaines prépositions, particulièrement *de* et *à* suppléent ces cas en français.

La série de ces différents cas, tant au singulier qu'au pluriel, est appelée *déclinaison*.

Ecrire ou réciter de suite les cas d'un nom s'appelle *décliner* (*). (103)

(*) Les numéros qui se trouvent à la fin des paragraphes, indiquent les numéros de la Grammaire d'Alvarez, *Emmanuelis Alvari e Societate Jesu, de institutione Grammatica, libri tres.* — *Parisiis excudebant Adrianus Le Clere et Soc., 1859* — où il est question des mêmes matières.

LIVRE PREMIER

PREMIÈRE PARTIE

ÉLÉMENTS

CHAPITRE PREMIER

DÉCLINAISON DES NOMS

2. — Il y a cinq déclinaisons que l'on distingue par le génitif singulier et le génitif pluriel.

La première a le génitif singulier en *æ* et le génitif pluriel en *arum*. Ex. Mus a, *la muse*, Mus æ, Mus arum.

La seconde a le génitif singulier en *i* et le génitif pluriel en *orum*. Ex. Domin us, *le Seigneur*, Domin i, Domin orum.

La troisième a le génitif singulier en *is* et le génitif pluriel en *um* ou en *ium*. Ex. Serm o, *le discours*, Sermon is, Sermon um; Avis, *l'oiseau*, Av is, Av ium.

La quatrième a le génitif singulier en *us* et le génitif pluriel en *uum*. Ex. : Sens us, *le sens*, Sens us, Sens uum.

La cinquième a le génitif singulier en *ei* et le génitif pluriel en *erum*. Ex. Di es, *le jour*, Di ei, Di erum. (129)

PREMIÈRE DÉCLINAISON

(Génit. sing. æ. — plur. arum.)

3. — Cette déclinaison comprend surtout des noms féminins et quelques noms masculins.

Singulier.

Nominatif,	hæc (*) Mus a,	*la muse.*
Vocatif,	o Mus a,	*ô muse.*
Génitif,	Mus æ,	*de la muse.*
Datif,	Mus æ,	*à la muse.*
Accusatif,	Mus am,	*la muse.*
Ablatif,	a Mus a,	*de la muse.*

Pluriel.

Nominatif,	Mus æ,	*les muses.*
Vocatif,	o Mus æ,	*ô muses.*
Génitif,	Mus arum,	*des muses.*
Datif,	Mus is,	*aux muses.*
Accusatif,	Mus as,	*les muses.*
Ablatif,	a Mus is,	*des muses.*

AINSI SE DÉCLINENT :

hæc Mus a jucund a, *la muse agréable.*
— Victori a clar a, *la victoire éclatante.*

(*) Les genres s'indiquent en latin par le pronom démonstratif *hic*, *hæc*, *hoc*. *Hic* désigne le masculin, *hæc* le féminin, *hoc* le neutre. (3)

DEUXIÈME DÉCLINAISON

(Génit. sing. *i*. — plur. *orum*.)

4. — Cette déclinaison renferme des noms masculins et féminins en *us, er, ir, ur*, et des noms neutres en *um*. (185)

I. *Noms en* us.

Singulier.

Nom.	hic Domin us,	le Seigneur.
Voc.	o Domin e,	ô Seigneur.
Gén.	Domin i,	du Seigneur.
Dat.	Domin o,	au Seigneur.
Acc.	Domin um,	le Seigneur.
Abl.	a Domin o,	du Seigneur.

Pluriel.

Nom.	Domin i,	les Seigneurs.
Voc.	o Domin i,	ô Seigneurs.
Gén.	Domin orum,	des Seigneurs.
Dat.	Domin is,	aux Seigneurs.
Acc.	Domin os,	les Seigneurs.
Abl.	a Domin is,	des Seigneurs.

AINSI SE DÉCLINENT :

hic Nominativ us, *le nominatif.*
— Hort us amœn us, *le jardin délicieux.*
— Serv us bon us, *le bon serviteur.*

II. *Noms en* ER, IR.

Singulier.

Nom.	hic Lib er,	le livre.
Voc.	o Lib er,	ô livre.
Gén.	Libr i,	du livre.
Dat.	Libr o,	au livre.
Acc.	Libr um,	le livre.
Abl.	a Libr o,	du livre.

Pluriel.

Nom.	Libr i,	les livres.
Voc.	o Libr i,	ô livres.
Gén.	Libr orum,	des livres.
Dat.	Libr is,	aux livres.
Acc.	Libr os,	les livres.
Abl.	a Libr is,	des livres.

AINSI SE DÉCLINENT :

hic Magist er bon us, *le bon Maître.*
— Fab er mis er, *l'artisan malheureux.*
— Vir just us, *l'homme juste.*

III. — *Noms neutres en* UM.

Singulier.

Nom.	hoc Templ um,	le temple.
Voc.	o Templ um,	ô temple.
Gén.	Templ i,	du temple.
Dat.	Templ o,	au temple.
Acc.	Templ um,	le temple.
Abl.	a Templ o,	du temple.

DÉCLINAISON DES NOMS

Pluriel.

Nom.	Templ a,	les temples.
Voc.	o Templ a,	ô temples.
Gén.	Templ orum,	des temples.
Dat.	Templ is,	aux temples.
Acc.	Templ a,	les temples.
Abl.	a Templ is,	des temples.

AINSI SE DÉCLINENT :

hoc Verb um,   le verbe.
— Ingeni um eximi um,   *l'esprit distingué.*
— Vin um generos um,   *le vin généreux.*

REMARQUE : Les noms *neutres*, à quelque déclinaison qu'ils appartiennent, ont au singulier et au pluriel trois cas semblables, savoir : le *nominatif*, le *vocatif* et l'*accusatif*. Au pluriel, ces trois cas sont toujours terminés en *a*. (4)

TROISIÈME DÉCLINAISON

(Génit. sing. *is.* — plur. *um* et *ium.*)

5. — Cette déclinaison renferme des noms des trois genres et de toute espèce de terminaisons.

I. *Noms masculins et féminins.*

Singulier.

Nom.	*hic* Sermo,	le discours.
Voc.	o Sermo,	ô discours.

DÉCLINAISON DES NOMS

Gén.	Sermon is,	du discours.
Dat.	Sermon i,	au discours.
Acc.	Sermon em,	le discours.
Abl.	a Sermon e,	du discours.

Pluriel.

Nom.	Sermon es,	les discours.
Voc.	o Sermon es,	ô discours.
Gén.	Sermon um,	des discours.
Dat.	Sermon ibus,	aux discours.
Acc.	Sermon es,	les discours.
Abl.	a Sermon ibus,	des discours.

AINSI SE DÉCLINENT :

hic Sermo elegans,	le discours élégant.
— Labor quotidian us,	le travail journalier.
hæc Virtus admirand a,	la vertu admirable.
hic Miles fortior,	le soldat plus courageux.

II. *Noms neutres.*

Singulier.

Nom.	hoc Tempus,	le temps.
Voc.	o Tempus,	ô temps.
Gén.	Tempor is,	du temps.
Dat.	Tempor i,	au temps.
Acc.	Tempus,	le temps.
Abl.	a Tempor e,	du temps.

DÉCLINAISON DES NOMS

Pluriel.

Nom.	Tempor a,	*les temps.*
Voc.	o Tempor a,	*ô temps.*
Gén.	Tempor um,	*des temps.*
Dat.	Tempor ibus,	*aux temps.*
Acc.	Tempor a,	*les temps.*
Abl.	a Tempor ibus,	*des temps.*

AINSI SE DÉCLINENT :

hoc Tempus brevius, *le temps plus court.*
— Flumen rapid um, *le fleuve rapide.*

6. — 1ʳᵉ REMARQUE : Ont le génitif pluriel en *ium* :

1° Les noms et les adjectifs qui ont un nombre égal de syllabes au nominatif et au génitif singuliers comme : hæc Avis, *l'oiseau*, gén. sing. Avis, gén. plur. Av ium.

Il faut excepter :

hic	Can is, -is	*le chien*, gén. pl.,	can um.
—	Juven is, -is	*le jeune homme*,	juven um.
—	Pan is, -is	*le pain*,	pan um.
—	Sen ex, -is	*le vieillard*,	sen um.
hæc	Stru es, -is	*l'amas*,	stru um.
hic	Vat es, -is	*le poète*,	vat um.

Le nom hæc *Apis, is*, l'abeille, fait *Ap um* et *Ap ium*.

2° Les noms qui, au nominatif, sont terminés par *ns*, comme hic Sĕrpens, *le serpent*, gén. plur., Serpent ium ; hic Adolescens, *le jeune homme*, génitif plur. adolescent ium ; exceptez hic et hæc Parens, *le père* ou *la mère*, génitif plur. Parentum. (192)

2ᵉ Remarque : Les noms neutres en *e*, *al*, *ar*, comme hoc *Mare*, *is*, la mer, hoc *Animal*, *is*, l'animal, hoc *Calcar*, *is*, l'éperon, ont l'ablatif singulier en *i*, le nom., voc. et acc. pl. en *ia*, et le gén. pl. en *ium*. Ainsi *Mar e* fait *Mar i*, *Mar ia*, *Mar ium;* *Animal* donne *Animal i*, *Animal ia*, *Animal ium*. etc. (191.)

QUATRIÈME DÉCLINAISON

(Génit. sing. *us*. — plur. *uum*.)

7. — Cette déclinaison renferme des noms masculins et féminins en *us*, et des noms neutres en *u*.

I. *Noms masculins et féminins.*

Singulier.

Nom.	*hic* Sens us,	le sens.
Voc.	o Sens us,	ô sens.
Gén.	Sens us,	du sens.
Dat.	Sens ui,	au sens.
Acc.	Sens um,	le sens.
Abl.	a Sens u,	du sens.

Pluriel.

Nom.	Sens us,	les sens.
Voc.	o Sens us,	ô sens.
Gén.	Sens uum,	des sens.
Dat.	Sens ibus,	aux sens.
Acc.	Sens us,	les sens.
Abl.	a Sens ibus,	des sens.

DÉCLINAISON DES NOMS 15

AINSI SE DÉCLINENT :

hæc Man us valid a,   la main forte.
hic Curr us velox,   le char rapide.

II. *Noms neutres.*

(Ils sont indéclinables au singulier.)

Singulier.

Nom.	hoc Gen u,	le genou.
Voc.	o Gen u,	ô genou.
Gén.	Gen u,	du genou.
Dat.	Gen u,	au genou.
Acc.	Gen u,	le genou.
Abl.	a Gen u,	du genou.

Pluriel.

Nom.	Gen ua,	les genoux.
Voc.	o Gen ua,	ô genoux.
Gén.	Gen uum,	des genoux.
Dat.	Gen ibus,	aux genoux.
Acc.	Gen ua,	les genoux.
Abl.	a Gen ibus,	des genoux.

AINSI SE DÉCLINENT :

hoc Cor nu,   la corne.
— Ver u,   la broche.
— Tonitr u horrend um,   le tonnerre *effrayant*. (6)

CINQUIÈME DÉCLINAISON

(Génit. sing. *ei*. — plur. *erum*.)

8 — Cette déclinaison ne renferme que des noms féminins en *es*, qui se déclinent tous sur *dies*.

Ce substantif est masculin ou féminin; au pluriel, il est presque toujours masculin.

Singulier.

Nom.	hic et hæc Di es,	*le jour*.
Voc.	o Di es,	*ô jour*.
Gén.	Di ei,	*du jour*.
Dat.	Di ei,	*au jour*.
Acc.	Di em,	*le jour*.
Abl.	a Di e,	*du jour*.

Pluriel.

Nom.	Di es,	*les jours*.
Voc.	o Di es,	*ô jours*.
Gén.	Di erum,	*des jours*.
Dat.	Di ebus,	*aux jours*.
Acc.	Di es,	*les jours*.
Abl.	a Di ebus,	*des jours*. (7)

REMARQUE : Dies, *le jour*, et res, *la chose*, sont les seuls noms qui soient usités aux cas du pluriel en *erum* et *ebus*: *dierum*, *diebus* et *rerum*, *rebus*. (195)

DÉCLINAISON DES ADJECTIFS 17

AINSI SE DÉCLINENT :

hæc Spes firm a,	*l'espérance ferme.*
Effigi es pulchr a,	*la belle image.*
Speci es fallax,	*l'apparence trompeuse.*

CHAPITRE DEUXIÈME

DÉCLINAISON DES ADJECTIFS

9.—I. ADJECTIFS DE LA 1re ET DE LA 2e DÉCLINAISON

Le masculin se décline sur *Dominus* ou *Liber*, le féminin sur *Musa*, le neutre sur *Templum*.

PREMIER PARADIGME.

BONUS, BONA, BONUM.

Singulier.

	MASC.	FÉM.	NEUT.
Nom.	Bon us, *bon,*	bon a, *bonne,*	bon um, *bon.*
Voc.	o Bon e,	bon a,	bon um.
Gén.	Bon i,	bon æ,	bon i.
Dat.	Bon o,	bon æ,	bon o.
Acc.	Bon um,	bon am,	bon um.
Abl.	a Bon o,	a bon a,	a bon o.

DECLINAISON DES ADJECTIFS

Pluriel.

Nom.	Bon i, *bons,*	bon æ, *bonnes,*	bon a, *bons.*
Voc. o	Bon i,	bon æ,	bon a.
Gén.	Bon orum,	bon arum,	bon orum.
Dat.	Bon is,	bon is,	bon is.
Acc.	Bon os,	bon as,	bon a.
Abl. a	Bon is,	a bon is,	a bon is. (8)

DÉCLINEZ DE MÊME :

Sanct us,	a,	um,	*saint.*
Divin us,	a,	um,	*divin.*
Mal us,	a,	um,	*mauvais.*
Magn us,	a,	um,	*grand.*

SECOND PARADIGME.

PULCHER, PULCHRA, PULCHRUM.

Singulier.

	MASC.	FÉM.	NEUT.
Nom.	Pulcher, *beau,*	pulchr a, *belle,*	pulchr um, *beau.*
Voc. o	Pulcher,	pulchr a,	pulchr um.
Gén.	Pulchr i,	pulchr æ,	pulchr i.
Dat.	Pulchr o,	pulchr æ,	pulchr o.
Acc.	Pulchr um,	pulchr am,	pulchr um.
Abl. a	Pulchr o,	a pulchr a,	a pulchr o.

DECLINAISON DES ADJECTIFS

Pluriel.

Nom.	Pulchr i,	pulchr æ,	pulchr a.
Voc. o	Pulchr i,	pulchr æ,	pulchr a.
Gén.	Pulchr orum,	pulchr arum,	pulchr orum.
Dat.	Pulchr is,	pulchr is,	pulchr is.
Acc.	Pulchr os,	pulchr as,	pulchr a.
Abl. a	Pulchr is, a	pulchr is, a	pulchr is.

DÉCLINEZ DE MÊME :

Sac er,	cra,	crum,	*sacré.*
Liber,	era,	erum,	*libre.*
Satur,	ra,	rum,	*rassasié.*
Prosper,	era,	erum,	*heureux.*

Génitif en ius, *Datif, en* i.

10. — Les adjectifs suivants se déclinent sur *Bon us, a, um*, à l'exception du génitif singulier qui est en *ius*, et du datif singulier qui est en *i*, pour les trois genres.

Unus, solus et *totus*, sont les seuls qui aient un vocatif.

	MASC.	FÉM.	NEUT.	
Nom.	Alius,	alia,	aliud,	*autre.*
Gén.	Alius.			
Dat.	Alii, etc.			

Nom.	Alter,	altera,	alterum,

l'autre, le second.

Gén. Alterius.
Dat. Alteri, etc.

Nom. Uter, utra, utrum,
    lequel des deux.
Gén. Utrius.
Dat. Utri, etc.

Nom. Uterque, utraque, utrumque,
    l'un et l'autre.
Gén. Utriusque.
Dat. Utrique.

Nom. Alteruter, alterutra, alterutrum,
    l'un ou l'autre.
Gén. Alterutrius.
Dat. Alterutri.

Nom. Neuter, neutra, neutrum,
    ni l'un ni l'autre.
Gén. Neutrius.
Dat. Neutri.

Nom. Utervis, utravis, utrumvis.
    lequel des deux vous voudrez.
Gén. Utriusvis.
Dat. Utrivis.

Nom. Uterlibet, utralibet, utrumlibet.
    qui des deux il vous plaira.

Gén. Utriuslibet.
Dat. Utrilibet.

Nom. Utercumque, utracumque, utrumcumque,
   quel que soit celui des deux qui.
Gén. Utriuscumque.
Dat. Utricumque.

Nom. Unus,   una,   unum,   *un.*
Gén. Unius,
Dat. Uni.

Nom. Ullus,   ulla,   ullum.
       aucun, quelque.
Gén. Ullius.
Dat. Ulli.

Nom. Nullus,   nulla,   nullum,   *nul.*
Gén. Nullius.
Dat. Nulli.

Nom. Solus,   sola,   solum,   *seul.*
Gén. Solius,
Dat. Soli.

Nom Totus,   tota,   totum,   *tout.*
Gén. Totius.
Dat. Toti.

11. — II. Adjectifs de la 3ᵉ déclinaison.

1° Adjectifs à trois terminaisons.

ACER, ACRIS, ACRE.

Singulier.

Nom.	hic Acer,	hæc acr is,	hoc acr e,	*aigre.*
Voc.	o Acer,	acr is,	acr e.	
Gén.	Acr is, }	3 genres.		
Dat.	Acr i, }			
Acc.	Acr em,		acre.	
Abl.	ab Acr i,	3 genres.		

Pluriel.

Nom.	Acr es,	acria,	*aigres.*
Voc.	o Acr es,	acr ia.	
Gén.	Acr ium, }	3 genres.	
Dat.	Acr ibus, }		
Acc.	Acr es,	acr ia.	
Abl.	ab Acr ibus,	3 genres.	

AINSI SE DÉCLINENT :

Alac er,	cris,	cre,	*gai, alerte.*
Cel er,	eris,	ere,	*prompt.*
Celeb er,	bris,	bre,	*célèbre.*

DÉCLINAISON DES ADJECTIFS

2° Adjectifs à deux terminaisons.

BREVIS, BREVE.

Singulier.

Nom. *hic* et *hæc* Brev is, *bref, brève,* hoc brev e.
               bref.
Voc.   Brev is,   brev e.
Gén.   Brev is, ⎫
Dat.   Brev i, ⎬ 3 genres.
Acc.   Brev em,   brev e.
Abl.   a Brev i, 3 genres.

Pluriel.

Nom.   Brev es,   brev ia.
Voc.   o Brev es,   brev ia.
Gén.   Brev ium, ⎫
Dat.   Brev ibus, ⎬ 3 genres.
Acc.   Brev es,   brev ia.
Abl.   a Brev ibus, 3 genres.

Remarque : Brevis, breve, et tous les adjectifs en *is*, *e*, ont toujours l'ablatif singulier en *i*. Lorsque les adjectifs n'ont que deux terminaisons, la première est pour le masculin et le féminin, la seconde pour le neutre.

AINSI SE DÉCLINENT :

Fort is, e, *courageux.* | Util is, e, *utile.*
Lev is, e, *léger.* | Facil is, e, *facile.*

BREVIOR, BREVIUS.

Singulier.

Nom.	hic et hæc Brevi or,	hoc brevi us,
	plus bref, plus brève,	*plus bref.*
Voc.	o Brevi or,	o brevi us.
Gén.	Brevi oris, } 3 genres.	
Dat.	Brevi ori, }	
Acc.	Brevi orem,	brevi us.
Abl.	a Brevi ore *ou* i, 3 genres.	

Pluriel.

Nom.	Brevi ores,	brevi ora.
Voc.	o Brevi ores,	brevi ora.
Gén.	Brevi orum, } 3 genres.	
Dat.	Brevi oribus, }	
Acc.	Brevi ores,	brevi ora.
Abl.	a Brevi oribus,	3 genres.

AINSI SE DÉCLINENT TOUS LES COMPARATIFS, COMME :

Justi or, us, *plus juste.* | Veloci or, us, *plus prompt.*
Meli or, us, *meilleur.* | Maj or, us, *plus grand.*
Pej or, us, *pire.* | Min or, us, *plus petit.*

DÉCLINAISON DES ADJECTIFS

3o *Adjectifs à une seule terminaison.*

FELIX.

Singulier.

Nom. hic et hæc et hoc Felix,   heureux, se.
Voc.   o Felix,
Gén.   Felic is,
Dat.   Felic i,
Acc.   Felic em,   felix.
Abl.   a Felic e *ou* i.

Pluriel.

Nom.   Felic es,   felic ia.
Voc.   o Felic es,   o felic ia.
Gén.   Felic ium,
Dat.   Felic ibus,
Acc.   Felic es,   felic ia.
Abl.   a Felic ibus.

AINSI SE DÉCLINENT :

Audax, acis, *hardi*. | Potens, entis, *puissant.*
Fallax, acis, *trompeur.* | Prudens, entis, *prudent.*

DEGRÉS DE SIGNIFICATION DANS LES ADJECTIFS.

12. — En latin comme en français, les adjectifs qualificatifs ont trois degrés de signification : *le positif, le comparatif* et *le superlatif*.

Le positif énonce simplement la qualité : *savant*, doctus.

Le comparatif énonce la qualité, en y ajoutant une idée de supériorité, d'infériorité ou d'égalité. De là, trois sortes de comparatifs :

Le comparatif de supériorité : *plus savant*, magis doctus *ou* doctior.

Le comparatif d'infériorité : *moins prudent*, minus prudens.

Le comparatif d'égalité : *aussi prudent*, æque prudens.

Le superlatif énonce la qualité portée à un degré très-élevé ou très-bas, soit d'une manière absolue ou sans comparaison, soit d'une manière relative ou avec comparaison. De là, deux superlatifs :

Le superlatif absolu : *très-savant*, maxime doctus *ou* doctissimus.

Le superlatif relatif : *le plus savant de tous*, omnium maxime doctus *ou* doctissimus.

En français les trois comparatifs et les deux superlatifs se forment à l'aide de certains adverbes placés devant le positif. En latin on peut les former aussi de la même manière. Cependant le *comparatif* de *supériorité* et les deux *superlatifs* se forment le plus souvent à l'aide d'une terminaison particulière. C'est de cette formation que nous allons parler.

13. — *Formation des comparatifs et des superlatifs.*

On forme le comparatif en ajoutant au cas de l'adjectif terminé en *i*, *or* pour le masculin et le féminin, et *us* pour le neutre; le superlatif, en ajoutant au même cas, *ssimus, ssima, ssimum.*

POSITIF.	COMPARATIF.	SUPERLATIF.
Justus, *juste*;		
G. S. Justi,	justi-or, us;	justi-ssimus, a, um.
Fortis, *courageux*;		
D. S. forti,	forti-or, us;	forti-ssimus, a, um.

Les comparatifs se déclinent comme *brevior*, *brevius*; les superlatifs, comme *bonus, bona, bonum.*

1re *Exception.*

Les adjectifs en *er* forment leur superlatif en ajoutant *rimus, rima, rimum* à leur nominatif; leur comparatif est régulier.

POSITIF.	COMPARATIF.	SUPERLATIF.
Pulcher, *beau*;	pulchri-or, us;	pulcher-rimus, a, um.
Saluber, *salutaire*;	salubri-or, us;	saluber-rimus, a, um.

2e *Exception.*

Les adjectifs Facilis, *facile,* Humilis, *humble,*

Similis, *semblable*, et leurs composés forment le superlatif en changeant *is* en *limus, lima, limum*: *Facillimus, a, um, Humillimus, a, um, Simillimus, a, um*.

Imbecillis ou Imbecillus, *faible*, fait *Imbecillimus, a, um*, et *Imbecillissimus, a, um*.

3e *Exception*.

Presque tous les adjectifs en *eus, ius, uus*, manquent des formes ordinaires du comparatif et du superlatif.

On met ces adjectifs au comparatif en plaçant devant eux l'adverbe *magis*, plus; et au superlatif, l'adverbe *maxime*, le plus, très.

Idoneus, *propre à*; magis idoneus; maxime idoneus.
Noxius, *nuisible*; magis noxius; maxime noxius.
Arduus, *élevé, difficile*; magis arduus; maxime arduus

Cependant Pius, *pieux*, fait au superlatif *piissimus*

4e *Exception*.

Les adjectifs en *dicus, ficus, volus*, dérivés des verbes dico, *dire*, facio, *faire*, volo, *vouloir*, ont le comparatif en *entior*, et le superlatif en *entissimus*.

POSITIF.	COMPARATIF.	SUPERLATIF.
Male*dicus*, médisant.	maledic-entior;	maledic-entissimus.

Magni*ficus,* magnific-entior; magnific-entissimus.
magnifique.
Bene*volus,* benevol-entior; benevol-entissimus.
bienveillant.

5e *Exception.*

Les cinq adjectifs suivants forment leur comparatif et leur superlatif d'une manière entièrement irrégulière :

POSITIF.	COMPARATIF.	SUPERLATIF.
Bonus,	meli-or, us;	optimus, a, um.
bon;	*meilleur;*	*le meilleur, très-bon.*
Malus,	pej-or, us;	pessimus, a, um.
mauvais;	*pire;*	*le pire, très-mauvais.*
Magnus,	maj-or, us;	maximus, a, um.
grand;	*plus grand;*	*le plus grand, très-grand*
Parvus,	min-or, us,	minimus, a, um.
petit;	*plus petit, moindre;*	*le plus petit, très-petit, le moindre.*
Multus,	plu res, a,	plurimus, a, um.
nombreux, beaucoup de;	*plus nombreux, plus de;*	*le plus nombreux, très-nombreux, le plus de.*

(109)

APPENDICE.

NOMS IRRÉGULIERS.

1° **Domus**, *la maison.*

14. — On appelle nom *irrégulier*, celui qui s'écarte, en tout ou en partie, de la déclinaison régulière, suivie par les noms d'une forme semblable.

Tel est le nom *hæc* Domus, *la maison*, qui appartient en partie à la seconde déclinaison, en partie à la quatrième ; tel est encore l'adjectif numéral duo, duæ, duo, *deux.*

Singulier.

Nom.	Dom us,	la maison.
Voc.	o Dom us,	ô maison.
Gén.	Dom i *ou* dom us,	de la maison.
Dat.	Dom ui,	à la maison.
Acc.	Dom um,	la maison.
Abl.	a Dom o,	de la maison.

Pluriel.

Nom.	Dom us,	les maisons.
Voc.	o Dom us,	ô maisons.
Gén.	Dom orum *ou* dom uum,	des maisons.
Dat.	Dom ibus,	aux maisons.
Acc.	Dom os *ou* dom us,	les maisons.
Abl.	a Dom ibus,	des maisons.

2° **Duo, duæ, duo,** *deux.*

	MASC.	FÉM.	NEUT.	
Nom.	Du o,	du æ,	du o,	deux.
Voc.	o Du o,	o du æ,	o du o,	ô deux.
Gén.	Du orum,	du arum,	du orum,	de deux.
Dat.	Du obus,	du abus,	du obus	à deux.
Acc.	Du os *ou* du o,	du as,	du o,	deux.
Abl.	a Du obus,	a du abus,	a du obus,	de deux.

Remarque. Ambo, ambæ, ambo, *tous les deux,* se décline comme *duo, duæ, duo.*

Les accusatifs masculins *duo* et *ambo* sont rares et ne sont guère employés que par les poètes.

Tres, tria, *trois,* se décline comme *Breves, brevia.*

CHAPITRE TROISIÈME

DÉCLINAISON DES PRONOMS

15. — Il y a *cinq* espèces de pronoms : 1° les pronoms *personnels;* 2° les pronoms *démonstratifs;* 3° le pronom *relatif;* 4° le pronom *interrogatif;* 5° les pronoms *composés* soit du pronom relatif, soit du pronom interrogatif.

I. PRONOMS PERSONNELS.

Les pronoms *personnels* se divisent en *primitifs* et en *dérivés*.

Les *primitifs* servent à former les autres, qui pour cette raison s'appellent *dérivés*.

1° Pronoms personnels primitifs.

16. — Les pronoms *personnels primitifs* sont *ego, tu, sui*; ils sont de tout genre.

EGO, *première personne.*

	Singulier.		Pluriel.	
Nom.	Ego,	*je, moi.*	Nos,	*nous.*
Gén.	Mei,	*de moi.*	Nostrum, nostri,	*de nous.*
Dat.	Mihi,	*à moi.*	Nobis,	*à nous.*
Acc.	Me,	*moi.*	Nos,	*nous.*
Abl.	a Me,	*de moi.*	a Nobis,	*de nous.*

TU, *deuxième personne.*

	Singulier.		Pluriel.	
Nom.	Tu,	*toi.*	Vos,	*vous.*
Voc.	o Tu,	*ô toi.*	o Vos,	*ô vous.*
Gén.	Tui,	*de toi.*	Vestrum, vestri,	*de vous.*
Dat.	Tibi,	*à toi.*	Vobis,	*à vous.*
Acc.	Te,	*toi.*	Vos,	*vous.*
Abl.	a Te,	*de toi.*	a Vobis,	*de vous.*

SUI, *troisième personne.*

Singulier et Pluriel.

Nom. Voc.	(manquent)	
Gén.	Sui,	*de soi.*
Dat.	Sibi,	*à soi.*
Acc.	Se,	*soi.*
Abl.	a Se,	*de soi.* (13)

2° Pronoms personnels dérivés.

17. — Les pronoms personnels dérivés sont :
pour la 1re pers., Meus, Mea, Meum, *mon, ma, mon;*
        Noster, Nostra, Nostrum, *notre, le nôtre* ou *la nôtre;*
        Nostras, 3 g., *de notre pays;*
pour la 2e pers., Tuus, Tua, Tuum, *ton, ta, ton;*
        Vester, Vestra, Vestrum, *votre, le vôtre* ou *la vôtre;*
        Vestras, 3 g., *de votre pays;*
pour la 3e pers., Suus, Sua, Suum, *son, sa, son, leur, le sien, la sienne, le leur* ou *la leur.*

18. — *Me us, a, um; Tu us, a, um; Su us, a, um; Nost er, tra, trum; Vest er, tra, trum,* se déclinent comme les adjectifs de la 1re et de la 2e déclinaison.

Tuus, suus, vester, n'ont point de vocatif.
Meus fait au voc. sing. masc. : *O mi.*

MEUS, MEA, MEUM.

Singulier.

	MASC.	FÉM.	NEUT.
Nom.	Meus, *mon;*	mea, *ma;*	meum, *mon.*
Voc.	o Mi,	o mea,	o meum.
Gén.	Mei,	meæ,	mei.
Dat.	Meo,	meæ,	meo.
Acc.	Meum,	meam,	meum.
Abl.	a Meo,	a mea,	a meo.

Pluriel.

Nom.	Mei,	meæ,	mea.
Voc.	o Mei,	o meæ,	o mea.
Gén.	Meorum,	mearum,	meorum.
Dat.	Meis.		
Acc.	Meos,	meas,	mea.
Abl.	a Meis.		

REMARQUE : *Nostras, atis, Vestras, atis,* se déclinent comme les adjectifs de la 3ᵉ déclinaison, sur *Felix* : *nostras, nostratis, nostrati, nostratem, nostrate,* ou *nostrati,* etc.

Vestras n'a point de vocatif. (14)

II. PRONOMS DÉMONSTRATIFS.

19. — Les pronoms démonstratifs sont :

1º *hic;* 2º *iste;* 3º *ille;* | 4º *ipse;* 5º *is;* 6º *idem.*

DÉCLINAISON DES PRONOMS 35

1º HIC, HÆC, HOC.

Singulier.

	MASC.	FÉM.	NEUT.
Nom.	Hic,	hæc,	hoc.

ce, cet, celui; cette, celle-ci; ce, cet, ceci, cela.

Gén.	Hujus, ⎫	
Dat.	Huic, ⎭	3 genres.
Acc.	Hunc,	hanc,	hoc.
Abl.	ab Hoc,	hac,	hoc.

Pluriel.

| Nom. | Hi, | hæ, | hæc. |

ces, ceux-ci; ces, celles-ci; ces, ces choses-ci

Gén.	Horum,	harum,	horum.
Dat.	His, 3 genres.
Acc.	Hos,	has,	hæc.
Abl.	ab His, 3 genres.

20. — 2º ISTE, ISTA, ISTUD.

Singulier.

	MASC.	FÉM.	NEUT.
Nom.	Iste,	ista,	istud.

ce, celui-là; cette, celle-là; cela.

| Gén. | Istius, ⎫ | |
| Dat. | Isti, ⎭ | 3 genres. |

Acc. Istum, istam, istud.
Abl. ab Isto, ista, isto.

Pluriel.

Nom. Isti, istæ, ista.
ces, ceux-là; ces, celles-là; ces choses-là.
Gén. Istorum, istarum, istorum.
Dat. Istis, 3 genres.
Acc. Istos, istas, ista.
Abl. ab Istis, 3 genres.

21. — 3º ILLE, ILLA, ILLUD.

Singulier.

MASC. FÉM. NEUT.

Nom. Ille, *celui-là;* illa, *celle-là;* illud, *cela.*
Gén. Illius,
Dat. Illi, } 3 genres.
Acc. Illum, illam, illud.
Abl. ab Illo, illa, illo.

Pluriel.

Nom. Illi, *ceux-là;* illæ, *celles-là;* illa;
ces choses-là.
Gén. Illorum, illarum illorum.
Dat. Illis, 3 genres.
Acc. Illos, illas, illa.
Abl. ab Illis, 3 genres.

22. — 4º IPSE, IPSA, IPSUM.

Singulier.

	MASC.	FÉM.	NEUT.
Nom.	Ipse,	ipsa,	ipsum.
	lui-même;	*elle-même;*	*cela même.*
Gén.	Ipsius,	} 3 genres.	
Dat.	Ipsi,		
Acc.	Ipsum,	ipsam,	ipsum.
Abl. ab	Ipso,	ipsa,	ipso.

Pluriel.

Nom.	Ipsi,	ipsæ,	ipsa.
	eux-mêmes;	*elles-mêmes;*	*ces choses mêmes.*
Gén.	Ipsorum,	ipsarum,	ipsorum.
Dat.	Ipsis, 3 genres.		
Acc.	Ipsos,	ipsas,	ipsa.
Abl. ab	Ipsis, 3 genres.		

23. — 5º IS, EA, ID.

Singulier.

	MASC.	FÉM.	NEUT.
Nom.	Is, *celui;*	ea, *celle;*	id, *ce, cela.*
Gén.	Ejus,	} 3 genres.	
Dat.	Ei,		
Acc.	Eum,	eam,	id.
Abl. ab	Eo,	ea,	eo.

3

Pluriel.

Nom. Ii, *ceux;* eæ, *celles;* ea, *ces choses.*
Gén. Eorum, earum, eorum.
Dat. Eis *ou* iis, 3 genres.
Acc. Eos, eas, ea.
Abl. ab Eis *ou* iis, 3 genres.

24. — 6° IDEM, EADEM, IDEM.

Singulier.

	MASC.	FÉM.	NEUT.
Nom.	Idem, *le même;*	eadem, *la même;*	id em. *la même chose.*
Gén.	Ejusdem,	} 3 genres.	
Dat.	Eidem,		
Acc.	Eumdem,	eamdem,	idem.
Abl. ab	Eodem,	eadem,	eodem.

Pluriel.

Nom. Iidem, eædem, eadem.
 les mêmes; les mêmes; les mêmes choses.
Gén. Eorumdem, earumdem, eorumdem.
Dat. Eisdem *ou* iisdem, 3 genres.
Acc. Eosdem, easdem, eadem.
Abl. ab Eisdem, *ou* iisdem, 3 genres.

III. PRONOM RELATIF.

25. — QUI, QUÆ, QUOD.

Singulier.

MASC. FÉM. NEUT.

Nom. Qui, quæ, quod, *qui, lequel, laquelle.*
Gén. Cujus, ⎫   *de qui, duquel, de laquelle.*
           ⎬ 3 genres. *dont.*
Dat. Cui, ⎭   *à qui, auquel, à laquelle.*
Acc. Quem, quam, quod, *que, lequel, laquelle.*
Abl. a Quo, qua, quo, *de qui, duquel, de laquelle,*
                                     dont.

Pluriel.

MASC. FÉM. NEUT.

Nom. Qui, quæ, quæ, *qui, lesquels, lesquelles.*
Gén. Quorum, quarum, quorum, *de qui, desquels, desquelles, dont.*
Dat. Quibus *ou* queis, 3 genres, *à qui, auxquels, auxquelles.*
Acc. Quos, quas, quæ, *que, lesquels, lesquelles.*
Abl. Quibus *ou* queis, 3 genres, *de qui, desquels, desquelles, dont.*

(15)

IV. PRONOM INTERROGATIF.

26. — QUIS, QUÆ, QUOD ou QUID.

Singulier.

	MASC.	FÉM.	NEUT.	
Nom.	Quis?	quæ?	quod *ou* quid?	qui? quel? quelle? quoi?
Gén.	Cujus?	} 3 genres.		de qui? duquel? de quelle chose? de quoi?
Dat.	Cui?			à qui? à quel? à quelle? à quoi?
Acc.	Quem?	quam?	quod *ou* quid?	qui? quel? quelle? que? quelle chose?
Abl. a	Quo?	qua?	quo?	de qui? de quel? de quelle? de quelle chose?

Pluriel.

	MASC.	FÉM.	NEUT.	
Nom.	Qui?	quæ?	quæ?	lesquels? quels? lesquelles? quelles? quelles choses?
Gén.	Quorum?	quarum?	quorum?	desquels? de quels?
Dat.	Quibus? *ou* queis, 3 genres.			auxquels? à quels?
Acc.	Quos?	quas?	quæ?	lesquels? quels? quelles? quelles choses?
Abl.	Quibus? *ou* queis, 3 genres.			desquels? de quels? de quelles choses?

Remarque. Quis employé substantivement, répond au français *qui?* Le neutre *quid*, qui remplace toujours un substantif, répond au mot *quoi? Quod* est toujours adjectif et uni à un substantif, comme : *Quod* flumen vidisti? *Quel fleuve avez-vous vu?* (16)

V. PRONOMS COMPOSÉS.

1º *Composés de* QUIS, *où* QUIS *commence le mot.*

27. — Quisnam? quænam? quodnam *ou* quidnam? cujusnam? etc.; *qui? quel? quoi? quelle? quelle chose?*

Quispiam, quæpiam, quodpiam *ou* quidpiam; cujuspiam, etc.; *quelque, quelqu'un, quelque chose.*

Quisquam, quæquam, quodquam *ou* quidquam; cujusquam, etc.; *quelque, quelqu'un, quelque chose.*

Quisque, quæque, quodque *ou* quidque; cujusque, etc.; *chaque, chacun, chacune.*

Quisquis, (*pas de féminin*), quidquid; cujuscujus, etc.; *quiconque, tout homme qui, quel...que; tout ce qui.*

2º *Composés de* QUIS, *où* QUIS *finit le mot.*

28. — Aliquis, aliqua, aliquod *ou* aliquid; alicujus, etc.; *quelque.*

Ecquis? ecqua *ou* ecquæ? ecquod *ou* ecquid? eccujus? etc.; *y a-t-il quelqu'un qui? y a-t-il un, une?*

Nequis, nequa, nequod *ou* nequid; necujus, etc.; *de peur que quelqu'un, de peur que quelque chose.*

Siquis, siqua, siquod *ou* siquid; sicujus, etc.; *si quelqu'un, si quelque chose.*

REMARQUE : Lorsque le pronom *quis* termine le pronom composé, le féminin singulier et le neutre pluriel prennent généralement *a* au lieu de *æ*. Ainsi on dit au nomin. sing. : aliquis, ali*qua*, aliquod, et au nomin. plur. : aliqui, aliquæ, ali*qua*.

Nequis et *siquis* s'écrivent aussi en deux mots : *ne quis, ne qua, ne quod*, etc.; et *si quis, si qua, si quod*, etc.

3o *Composés de* QUI.

29. — Quicumque, quæcumque, quodcumque; cujuscumque, etc.; *quiconque, qui que ce soit qui, quel...que, quelconque.*

Quidam, quædam, quoddam *ou* quiddam; cujusdam, etc.; *certain, un certain, certaine chose, quelque, quelqu'un.*

Quilibet, quælibet, quodlibet *ou* quidlibet; cujuslibet, etc.; *celui qu'on voudra, tout homme, toute chose.*

Quivis, quævis, quodvis *ou* quidvis; cujusvis, etc.; *celui qu'on voudra, quiconque, tout homme, tout.* (17)

REMARQUE: Quelques-uns de ces pronoms forment de nouveaux pronoms composés, comme :

Unusquisque, unaquæque, unumquodque *ou* unumquidque; uniuscujusque, etc.; *chacun, chacune, chaque chose.*

Ecquisnam? ecquænam? ecquodnam *ou* ecquidnam? eccujusnam? etc.; *y a-t-il quelqu'un qui? y a-t-il un, une?*

2° Tous ces mots sont adjectifs, quand ils accompagnent un substantif; ils sont pronoms, dans le cas contraire.

CHAPITRE IV

CONJUGAISON DES VERBES

30. — I. Les verbes se divisent :

1° En verbes *Actifs, Passifs, Neutres, Communs* et *Déponents*;

2° En verbes *Réguliers* et *Irréguliers*;

3° En verbes *Personnels, Impersonnels* ou *Unipersonnels* et *Défectifs*.

II. Il y a cinq modes : l'*Indicatif*, l'*Impératif*, l'*Optatif*, le *Conjonctif* ou *Subjonctif*, et l'*Infinitif*;

Six temps, dont trois principaux : le *Présent*, le *Passé*, le *Futur*, et trois secondaires : l'*Imparfait*, le *Plus-que-parfait*, et le *Futur passé*;

Trois personnes et deux nombres.

REMARQUE : Le latin n'a pas de forme particulière pour exprimer le *passé défini*, *j'aimai*, et le *passé antérieur*, *j'eus aimé*. Ces deux temps se traduisent par le *parfait*. Il n'en a pas non plus pour les deux conditionnels : le *conditionnel présent* se rend ordinairement par l'*imparfait du conjonctif*, et le *conditionnel passé* par le *plus-que-parfait* du même mode.

III. On distingue deux voix dans les verbes : la voix *Active* quand le sujet fait l'action, *j'aime*, amo ; la voix *Passive* quand il la reçoit ; *je suis aimé*, amor.

Les verbes en *o* qui régissent l'accusatif s'appellent *Actifs* et ont un passif personnel : les verbes en *o* qui ne régissent pas l'accusatif s'appellent verbes *Neutres*, et n'ont point de passif personnel.

Les verbes en *or* qui sont formés de verbes actifs s'appellent verbes *Passifs* ; les verbes en *or* qui ne sont point formés de verbes actifs s'appellent verbes *Communs* ou *Déponents*. (114)

31. — Conjuguer un verbe, c'est énoncer successivement, à la suite du radical, les différentes terminaisons de ce verbe.

Nous donnerons d'abord la conjugaison du verbe substantif ESSE, *être*, parce qu'il prête aux autres verbes plusieurs de ses terminaisons, et qu'il s'emploie comme auxiliaire dans la conjugaison des verbes *Passifs*, *Communs* et *Déponents*.

VERBE SUBSTANTIF

SUM, je suis.

INDICATIF.

PRÉSENT.

Sing.	Sum,	*je suis.*
	Es,	*tu es.*
	Est,	*il est.*
Plur.	Sumus,	*nous sommes.*
	Estis,	*vous êtes.*
	Sunt,	*ils sont.*

IMPARFAIT.

Sing.	Eram,	*j'étais.*
	Eras,	*tu étais.*
	Erat,	*il était.*
Plur.	Eramus,	*nous étions.*
	Eratis,	*vous étiez.*
	Erant,	*ils étaient.*

PARFAIT.

Sing.	Fui,	*j'ai été, ou je fus, etc.*
	Fuisti,	*tu as été.*
	Fuit,	*il a été.*

VERBE SUBSTANTIF

Plur. Fuimus,   *nous avons été.*
Fuistis,   *vous avez été.*
Fuerunt *ou* Fuere, *ils ont été.*

PLUS-QUE-PARFAIT.

Sing. Fueram,   *j'avais été.*
Fueras,   *tu avais été.*
Fuerat,   *il avait été.*
Plur. Fueramus,   *nous avions été.*
Fueratis,   *vous aviez été.*
Fuerant,   *ils avaient été.*

FUTUR.

Sing. Ero,   *je serai.*
Eris,   *tu seras.*
Erit,   *il sera.*
Plur. Erimus,   *nous serons.*
Eritis,   *vous serez.*
Erunt,   *ils seront.*

IMPÉRATIF.

PRÉSENT.

Sing. Es *ou* esto,   *sois.*
Sit,   *qu'il soit.*
Plur. Simus,   *soyons.*
Este *ou* estote,   *soyez.*
Sint,   *qu'ils soient.*

FUTUR.

Sing. Esto tu ou eris,   sois, tu seras.
       Esto ille ou erit, qu'il soit, il sera.
Plur. Estote ou eritis,   soyez, vous serez.
       Sunto ou erunt,   qu'ils soient, ils seront.

OPTATIF.

PRÉSENT ET IMPARFAIT.

Sing. Utinam Essem,   *plût à Dieu que je fusse.*
       Esses,   *que tu fusses.*
       Esset,   *qu'il fût.*
Plur. Utinam Essemus, *plût à Dieu que nous fussions.*
       Essetis,   *que vous fussiez.*
       Essent,   *qu'ils fussent.*

PARFAIT.

Sing. Utinam Fuerim,   *plaise à Dieu que j'aie été.*
       Fueris,   *que tu aies été.*
       Fuerit,   *qu'il ait été.*
Plur. Utinam Fuerimus, *plaise à Dieu que nous ayons été.*
       Fueritis,   *que vous ayez été.*
       Fuerint,   *qu'ils aient été.*

PLUS-QUE-PARFAIT.

Sing. Utinam Fuissem, *plût à Dieu que j'eusse été.*
Fuisses, *que tu eusses été.*
Fuisset, *qu'il eût été.*
Plur. Utinam Fuissemus, *plût à Dieu que nous eussions été.*
Fuissetis, *que vous eussiez été.*
Fuissent, *qu'ils eussent été.*

FUTUR.

Sing. Utinam Sim. *plaise à Dieu que je sois.*
Sis, *que tu sois.*
Sit, *qu'il soit.*
Plur. Utinam Simus, *plaise à Dieu que nous soyons.*
Sitis, *que vous soyez.*
Sint, *qu'ils soient.*

CONJONCTIF.

PRÉSENT.

Sing. Cum Sim, *puisque je suis.*
Sis, *puisque tu es.*
Sit, *puisqu'il est.*
Plur. Cum Simus, *puisque nous sommes.*
Sitis, *puisque vous êtes.*
Sint, *puisqu'ils sont.*

Quamvis sim. Si sim. Nisi sim.

VERBE SUBSTANTIF

IMPARFAIT.

Sing.	Cum	Essem,	*puisque j'étais* (1).
		Esses,	*puisque tu étais.*
		Esset,	*puisqu'il était.*
Plur.	Cum	Essemus,	*puisque nous étions.*
		Essetis,	*puisque vous étiez.*
		Essent,	*puisqu'ils étaient.*

Si essem.

PARFAIT.

Sing.	Cum	Fuerim,	*puisque j'ai été.*
		Fueris,	*puisque tu as été.*
		Fuerit,	*puisqu'il a été.*
Plur.	Cum	Fuerimus,	*puisque nous avons été.*
		Fueritis,	*puisque vous avez été.*
		Fuerint,	*puisqu'ils ont été.*

PLUS-QUE-PARFAIT.

Sing.	Cum	Fuissem,	*puisque j'avais été* (2).
		Fuisses,	*puisque tu avais été.*
		Fuisset,	*puisqu'il avait été.*
Plur.	Cum	Fuissemus,	*puisque nous avions été.*
		Fuissetis,	*puisque vous aviez été.*
		Fuissent,	*puisqu'ils avaient été.*

---

(1) On dit aussi essem, *je serais*, esses, *tu serais*, etc.
(2) On dit aussi fuissem, *j'aurais été*, fuisses, *tu aurais été*, etc.

VERBE SUBSTANTIF

FUTUR.

Sing. Cum Fuero,   *quand j'aurai été.*
            Fueris,   *quand tu auras été.*
            Fuerit,   *quand il aura été.*
Plur. Cum Fuerimus,   *quand nous aurons été.*
            Fueritis,   *quand vous aurez été.*
            Fuerint,   *quand ils auront été.*

INFINITIF.

PRÉSENT ET IMPARFAIT.

Esse, *être, qu'il est, qu'il était, qu'ils sont, qu'ils étaient.*
Scio me esse rudem, *je sais moi être ignorant.*
Je sais que je suis ignorant.

PARFAIT ET PLUS-QUE-PARFAIT.

Fuisse, *avoir été, qu'il a été, qu'ils ont été, qu'il avait été, qu'ils avaient été.*
Scio me fuisse rudem, *je sais moi avoir été ignorant.*
Je sais que j'ai été ignorant.

FUTUR.

Sing. Fore ou Futurum, am, um esse, *devoir être, qu'il sera.*
Plur. Fore ou Futuros, as, a esse, *devoir être, qu'ils seront.*

VERBE SUBSTANTIF

Scio me semper fore pium, je sais moi devoir être toujours pieux.
Je sais que je serai toujours pieux.

FUTUR PASSÉ.

Sing. Futurum, am, um fuisse, *avoir dû être, qu'il eût été.*
Plur. Futuros, as, a fuisse, *avoir dû être, qu'ils eussent été.*

PARTICIPE

FUTUR.

Futurus, a, um, *devant être, qui sera.* (19—23)

32. — 1re REMARQUE : Les composés de *Sum* se conjuguent comme lui. Tels sont :

INDICATIF PRÉSENT.		PARFAIT.	INFINITIF PRÉSENT.	
1re pers.	2e pers.			
Ab sum,	es,	ab fui,	ab esse,	être absent.
Ad sum,	es,	ad fui,	ad esse,	être présent.
De sum,	es,	de fui,	de esse,	manquer à.
In sum,	es,	in fui (*rare*),	in esse,	être dans.
Inter sum,	es,	inter fui,	inter esse,	assister à.
Ob sum,	es,	ob fui,	ob esse,	être nuisible.
Præ sum,	es,	præ fui,	præ esse,	être à la tête de.
Sub sum,	es,	(*manque*),	sub esse,	être dessous.
Super sum,	es,	super fui,	super esse,	être de reste, survivre.

Pos sum, *pouvoir*, et Pro sum, *être utile*, se trouvent parmi les verbes irréguliers.

2ᵉ REMARQUE : Le verbe Sum n'a ni gérondifs, ni supins, ni participe présent, ni participe passé. Il en est de même de ses composés, à l'exception de absum, *être absent*, et de præsum, *être à la tête de*, dont le participe présent est absens, *étant absent, absent;* præsens, *étant présent, présent*

Le participe présent *étant*, le participe passé *ayant été*, se rendent en latin par un temps du conjonctif. Participe présent : *Etant paresseux, vous êtes méprisé de tout le monde*, Cum sis piger, ab omnibus contemneris. *Ayant été longtemps pauvre, il est content de peu.* Cum diu fuerit pauper, parvo contentus est.

CONJUGAISON

DES VERBES RÉGULIERS

ACTIFS, NEUTRES, ET PASSIFS.

33. — Il y a en latin quatre conjugaisons régulières pour les verbes *actifs* et *neutres*.

On les distingue par le *présent de l'infinitif* et la seconde personne du *présent de l'Indicatif*.

La première conjugaison a l'infinitif présent en *are*, amare, *aimer*, et la deuxième personne du présent de l'indicatif en *as*, amas, *tu aimes*.

La seconde conjugaison a l'infinitif présent en *ere*, monere, *avertir*, et la seconde personne du présent de l'indicatif en *es*, mones, *tu avertis*.

La troisième conjugaison a l'infinitif présent en *ere,* legere, *lire*, et la seconde personne du présent de l'indicatif en *is*, legis, *tu lis*.

La quatrième conjugaison a l'infinitif présent en *ire*, audire, *entendre*, et la seconde personne du présent de l'indicatif en *is*, audis, *tu entends*.

Il y a également quatre conjugaisons régulières des verbes passifs; elles se distinguent aussi par le présent de l'infinitif, et la deuxième personne du présent de l'indicatif.

PREMIÈRE CONJUGAISON

DES VERBES ACTIFS ET NEUTRES

34. — (ARE — AS.)

AMO, j'aime.

INDICATIF.

PRÉSENT.

Sing.	Am o,	*j'aime.*
	Am as,	*tu aimes.*
	Am at,	*il aime.*
Plur.	Am amus,	*nous aimons.*
	Am atis,	*vous aimez.*
	Am ant,	*ils aiment.*

PREMIÈRE CONJUGAISON

IMPARFAIT.

Sing.	Am abam,	j'aimais.
	Am abas,	tu aimais.
	Am abat,	il aimait.
Plur.	Am abamus,	nous aimions.
	Am abatis,	vous aimiez.
	Am abant,	ils aimaient.

PARFAIT.

Sing.	Am avi,	j'ai aimé ou j'aimai.
	Am avisti,	tu as aimé.
	Am avit,	il a aimé.
Plur.	Am avimus,	nous avons aimé.
	Am avistis,	vous avez aimé.
	Am averunt *ou* Am avere,	ils ont aimé.

PLUS-QUE-PARFAIT.

Sing.	Am averam[1],	j'avais aimé.
	Am averas,	tu avais aimé.
	Am averat,	il avait aimé.
Plur.	Am averamus,	nous avions aimé.
	Am averatis,	vous aviez aimé.
	Am averant,	ils avaient aimé.

FUTUR.

Sing.	Am abo,	j'aimerai.
	Am abis,	tu aimeras.
	Am abit,	il aimera.
Plur.	Am abimus,	nous aimerons.
	Am abitis,	vous aimerez.
	Am abunt,	ils aimeront.

IMPÉRATIF.

PRÉSENT.

Sing. Am a *ou* amato,   aime.
       Am et,   qu'il aime.
Plur. Am emus,   aimons.
       Am ate *ou* am atote,   aimez.
       Am ent,   qu'ils aiment.

FUTUR.

Sing. Am ato tu *ou* am abis, aime, tu aimeras.
       Am ato ille *ou* am abit, qu'il aime, il aimera.
Plur. Am atote *ou* am abitis, aimez, vous aimerez.
       Am anto *ou* am abunt, qu'ils aiment, ils aimeront.

OPTATIF.

PRÉSENT ET IMPARFAIT.

Sing. Utinam Am arem,   plût à Dieu que j'aimasse.
       Am ares,   que tu aimasses.
       Am aret,   qu'il aimât.
Plur. Utinam Am aremus,   que nous aimassions
       Am aretis,   que vous aimassiez.
       Am arent,   qu'ils aimassent.

PARFAIT.

Sing. Utinam Am averim,   plaise à Dieu que j'aie aimé.
       Am averis,   que tu aies aimé.
       Am averit,   qu'il ait aimé.

Plur. Utinam Am averimus, *que nous ayons aimé.*
Am averitis, *que vous ayez aimé.*
Am averint, *qu'ils aient aimé.*

PLUS-QUE-PARFAIT.

Sing. Utinam Am avissem, *plût à Dieu que j'eusse aimé.*
Am avisses, *que tu eusses aimé.*
Am avisset, *qu'il eût aimé.*
Plur. Utinam Am avissemus, *que nous eussions aimé.*
Am avissetis, *que vous eussiez aimé.*
Am avissent, *qu'ils eussent aimé.*

FUTUR.

Sing. Utinam Am em, *plaise à Dieu que j'aime.*
Am es, *que tu aimes.*
Am et, *qu'il aime.*
Plur. Utinam Am emus, *que nous aimions.*
Am etis, *que vous aimiez.*
Am ent, *qu'ils aiment.*

CONJONCTIF.

PRÉSENT.

Sing. Cum Am em, *puisque j'aime.*
Am es, *puisque tu aimes.*
Am et, *puisqu'il aime.*

DES VERBES ACTIFS 57

Plur. Cum Am emus, *puisque nous aimons.*
　　　　　Am etis, *puisque vous aimez.*
　　　　　Am ent, *puisqu'ils aiment.*
　　Quamvis amem, Si amem, Nisi amem.

IMPARFAIT.

Sing. Cum Am arem, *puisque j'aimais.* (1)
　　　　　Am ares, *puisque tu aimais.*
　　　　　Am aret, *puisqu'il aimait.*
Plur. Cum Am aremus, *puisque nous aimions.*
　　　　　Am aretis, *puisque vous aimiez.*
　　　　　Am arent, *puisqu'ils aimaient.*
　　　　Si Am arem,

PARFAIT.

Sing. Cum Am averim, *puisque j'ai aimé.*
　　　　　Am averis, *puisque tu as aimé.*
　　　　　Am averit, *puisqu'il a aimé.*
Plur. Cum Am averimus, *puisque nous avons aimé.*
　　　　　Am averitis, *puisque vous avez aimé.*
　　　　　Am averint, *puisqu'ils ont aimé.*

PLUS-QUE-PARFAIT.

Sing. Cum Am avissem, *puisque j'avais aimé.*(2)
　　　　　Am avisses, *puisque tu avais aimé.*
　　　　　Am avisset, *puisqu'il avait aimé.*

---

(1) On dit aussi amarem, etc., *j'aimerais.*
(2) On dit aussi amavissem, etc., *j'aurais aimé.*

Plur. Cum Am avissemus, *puisque nous avions aimé.*
Am avissetis, *puisque vous aviez aimé*
Am avissent, *puisqu'ils avaient aimé.*

FUTUR.

Sing. Cum Am avero, *quand j'aurai aimé.*
Am averis, *quand tu auras aimé.*
Am averit, *quand il aura aimé.*
Plur. Cum Am averimus, *quand nous aurons aimé.*
Am averitis, *quand vous aurez aimé.*
Am averint, *quand ils auront aimé.*

INFINITIF.

PRÉSENT ET IMPARFAIT.

Am are, *aimer, qu'il aime, qu'il aimait.*

PARFAIT ET PLUS-QUE-PARFAIT.

Am avisse, *avoir aimé, qu'il a aimé, qu'il avait aimé.*

FUTUR.

Sing. Am aturum, am, um esse, *devoir aimer, qu'il aimera.*
Plur. Am aturos, as, a esse, *devoir aimer, qu'ils aimeront.*

FUTUR PARFAIT.

Sing. Am aturum, am, um fuisse, *avoir dû aimer, qu'il eût aimé.*

Plur. Am aturos, as, a fuisse, *avoir dû aimer, qu'ils eussent aimé.*

GÉRONDIFS.

Am andi, *d'aimer.*
Am ando, *en aimant.*
Am andum, *pour aimer.*

SUPIN.

Am atum, *aimer.*

PARTICIPES.

PRÉSENT ET IMPARFAIT.

Am ans, antis, *aimant, qui aime, qui aimait*

FUTUR.

Am aturus, a, um, *devant aimer, qui aimera.*

AINSI SE CONJUGUENT :

PRÉSENT. DE L'IND.	PARFAIT DE L'IND.	SUPIN.	PRÉSENT DE L'INF.		
Laud o, as,	avi,	atum,	are,	*act.,*	*louer.*
Narr o, as,	avi,	atum,	are,	*act.,*	*raconter.*
Labor o, as,	avi,	atum,	are,	*neut.,*	*travailler*

(27-62.)

PREMIÈRE CONJUGAISON

EMPLOI DE L'INFINITIF.

INFINITIF.

PRÉSENT ET IMPARFAIT.

Dico eum amare litteras.
je dis   *lui aimer*   } *les belles-lettres.*
        qu'il aime

Dicebam eum amare litteras.
je disais lui aimer   } *les belles-lettres.*
          qu'il aimait

PARFAIT ET PLUS-QUE-PARFAIT.

Dico eum amavisse litteras.
je dis   *lui avoir aimé*   } *les belles-lettres.*
        qu'il aimait

Dicebam eum amavisse litteras.
je disais lui avoir aimé   } *les belles-lettres.*
          qu'il avait aimé

FUTUR.

Dico eum amaturum esse litteras.
je dis   *lui devoir aimer*   } *les belles-lettres.*
        qu'il aimera

Dicebam eum amaturum esse litteras.
je disais lui devoir aimer   } *les belles-lettres.*
          qu'il aimerait

DES VERBES PASSIFS

FUTUR PARFAIT.

Dico eum amaturum fuisse litteras.
je dis lui avoir dû aimer } les belles-lettres.
qu'il aurait dû aimer

Dicebam eum amaturum fuisse litteras.
je disais lui avoir dû aimer } les belles-lettres.
qu'il eût dû aimer

PREMIÈRE CONJUGAISON

DES VERBES PASSIFS.

35 — (ARI — ARIS ou ARE)

INDICATIF.

PRÉSENT.

Sing. Am or,   *je suis aimé.*
     Am aris *ou* Am are, *tu es aimé.*
     Am atur,   *il est aimé.*
Plur. Am amur,   *nous sommes aimés.*
     Am amini,   *vous êtes aimés.*
     Am antur,   *ils sont aimés.*

IMPARFAIT.

Sing. Am abar, *j'étais aimé.*
Am abaris *ou* Am abare, *tu étais aimé.*
Am abatur, *il était aimé.*
Plur. Am abamur, *nous étions aimés.*
Am abamini, *vous étiez aimés.*
Am abantur, *ils étaient aimés.*

PARFAIT.

Sing. Am atus, a, um sum *ou* fui, *j'ai été aimé, ou je fus aimé.*
Am atus, a, um es *ou* fuisti, *tu as été aimé.*
Am atus, a, um est *ou* fuit, *il a été aimé.*
Plur. Am ati, æ, a sumus *ou* fuimus, *nous avons été aimés.*
Am ati, æ, a estis *ou* fuistis, *vous avez été aimés.*
Am ati, æ, a sunt *ou* fuerunt *ou* fuere, *ils ont été aimés.*

PLUS-QUE-PARFAIT.

Sing. Am atus, a, um eram *ou* fueram, *j'avais été aimé.*
Am atus, a, um eras, *ou* fueras, *tu avais été aimé.*
Am atus, a, um erat *ou* fuerat, *il avait été aimé.*

DES VERBES PASSIFS

Plur. Am ati, æ, a eramus *ou* fueramus, *nous avions été aimés.*
Am ati, æ, a eratis *ou* fueratis, *vous aviez été aimés.*
Am ati, æ, a, erant *ou* fuerant, *ils avaient été aimés.*

FUTUR.

Sing. Am abor,   *je serai aimé.*
Am aberis *ou* am abere, *tu seras aimé.*
Am abitur,   *il sera aimé.*
Plur. Am abimur,   *nous serons aimés.*
Am abimini,   *vous serez aimés.*
Am abuntur,   *ils seront aimés.*

IMPÉRATIF.

PRÉSENT.

Sing. Am are *ou* amator, *sois aimé.*
Am etur,   *qu'il soit aimé.*
Plur. Am emur,   *soyons aimés.*
Am amini *ou* am aminor, *soyez aimés.*
Am entur,   *qu'ils soient aimés.*

FUTUR.

Sing. Am ator tu *ou* am aberis *ou* am abere, *sois aimé, tu seras aimé.*

Am ator ille *ou* am abitur, *qu'il soit aimé, il sera aimé.*

Plur. Am aminor *ou* am abimini, *soyez aimés, vous serez aimés.*

Am antor, *ou* am abuntur, *qu'ils soient aimés, ils seront aimés.*

OPTATIF.

PRÉSENT ET IMPARFAIT.

Sing. Utinam Am arer, *plût à Dieu que je fusse aimé.*

Am areris *ou* am arere, *que tu fusses aimé.*

Am aretur, *qu'il fût aimé.*

Plur. Utinam Am aremur, *que nous fussions aimés.*

Am aremini, *que vous fussiez aimés.*

Am arentur, *qu'ils fussent aimés.*

PARFAIT.

Sing. Utinam Am atus, a, um sim *ou* fuerim, *plaise à Dieu que j'aie été aimé.*

Am atus, a, um sis *ou* fueris, *que tu aies été aimé.*

Am atus, a, um sit *ou* fuerit, *qu'il ait été aimé.*

Plur. Utinam Am ati, æ, a, simus *ou* fuerimus, *que nous ayons été aimés.*

DES VERBES PASSIFS

Am ati, æ, a sitis *ou* fueritis, *que vous ayez été aimé.*

Am ati, æ, a sint *ou* fuerint, *qu'ils aient été aimés.*

PLUS-QUE-PARFAIT.

Sing. Utinam Am atus, a, um essem *ou* fuissem, *plût à Dieu que j'eusse été aimé.*

Am atus, a, um esses *ou* fuisses, *que tu eusses été aimé.*

Am atus, a, um esset *ou* fuisset, *qu'il eût été aimé.*

Plur. Utinam Am ati, æ, a essemus *ou* fuissemus, *que nous eussions été aimés.*

Am ati, æ, a essetis *ou* fuissetis, *que vous eussiez été aimés.*

Am ati, æ, a essent *ou* fuissent, *qu'ils eussent été aimés.*

FUTUR.

Sing. Utinam Amer, *plaise à Dieu que je sois aimé.*

Am eris *ou* Am ere, *que tu sois aimé.*

Am etur, *qu'il soit aimé.*

Plur. Utinam Am emur, *que nous soyons aimés*

Am emini, *que vous soyez aimés*

Am entur, *qu'ils soient aimés.*

PREMIÈRE CONJUGAISON

CONJONCTIF.

PRÉSENT.

Sing. Cum Am er,   *puisque je suis aimé.*
        Am eris *ou* Am ere, *puisque tu es aimé.*
        Am etur,   *puisqu'il est aimé.*
Plur. Cum Am emur,   *puisque nous sommes aimés.*
        Am emini,   *puisque vous êtes aimé*
        Am entur,   *puisqu'ils sont aimés*

Quamvis amer, si amer.

IMPARFAIT.

Sing. Cum Am arer,   *puisque j'étais aimé.*
        Am areris *ou* Am arere, *puisque tu étais aimé.*
        Am aretur,   *puisqu'il était aimé.*
Plur. Cum Am aremur,   *puisque nous étions aimés.*
        Am aremini,   *puisque vous étiez aimés.*
        Am arentur,   *puisquils étaient aimés.*

Si amarer.

---

(1) On dit aussi Ama rer, *je serais aimé*, etc.

PARFAIT.

Sing. **Cum Am** atus, a, um sim *ou* fuerim *puisque j'ai été aimé.*

Am atus, a, um sis *ou* fueris, *puisque tu as été aimé.*

Am atus, a, um sit *ou* fuerit, *puisqu'il a été aimé.*

Plur. **Cum Am** ati, æ, a simus *ou* fuerimus, *puisque nous avons été aimés.*

Am ati, æ, a sitis *ou* fueritis, *puisque vous avez été aimés.*

Am ati, æ, a sint *ou* fuerint, *puisqu'ils ont été aimés.*

PLUS-QUE-PARFAIT.

Sing. **Cum Am** atus, a, um essem *ou* fuissem, *puisque j'avais été aimé* (1).

Am atus, a, um essem *ou* fuissem, *puisque tu avais été aimé.*

Am atus, a, um esset *ou* fuisset, *puisqu'il avait été aimé.*

Plur. **Cum Am** ati, æ, a essemus *ou* fuissemus, *puisque nous avions été aimés.*

Am ati, æ, a essetis *ou* fuissetis, *puisque vous aviez été aimés.*

Am ati, æ, a essent *ou* fuissent, *puisqu'ils avaient été aimés.*

---

(1) On dit aussi Amatus, a, um, essem *ou* fuissem, *j'aurais été aimé,* etc.

FUTUR.

Sing. Cum Am atus, a, um ero *ou* fuero, *quand j'aurai été aimé.*

Am atus, a, um eris *ou* fueris, *quand tu auras été aimé.*

Am atus, a, um erit *ou* fuerit, *quand il aura été aimé.*

Plur. Cum Am ati, æ, a erimus *ou* fuerimus, *quand nous aurons été aimés.*

Am ati, æ, a eritis *ou* fueritis, *quand vous aurez été aimés.*

Am ati, æ, a erunt *ou* fuerint, *quand ils auront été aimés.*

INFINITIF.

PRÉSENT ET IMPARFAIT.

Am ari, *être aimé, qu'il est aimé, qu'il était aimé.*

PARFAIT ET PLUS-QUE-PARFAIT.

Sing. Am atum, am, um esse *ou* fuisse, *avoir été aimé, qu'il a été aimé, qu'il avait été aimé.*

Plur. Am atos, as, a esse *ou* fuisse, *avoir été aimés, qu'ils ont été aimés, qu'ils avaient été aimés.*

FUTUR.

Sing. Am atum iri *ou* Amandum, am, um esse, *devoir être aimé, qu'il sera aimé.*

Plur. Am atum iri *ou* Amandos, as, a esse, *devoir être aimés, qu'ils seront aimés.*

####### FUTUR PARFAIT.

Sing. Am andum, am, um fuisse, *avoir dû être aimé, qu'il eût été aimé.*
Plur. Am andos, as, a fuisse, *avoir dû être aimés, qu'ils eussent été aimés.*

PARTICIPES.

####### PASSÉ.

Am atus, a, um, *aimé, qui a été aimé, qui avait été aimé.*

####### FUTUR.

Am andus, a, um, *devant être aimé, qui sera aimé.*

SECONDE CONJUGAISON

DES VERBES ACTIFS.

36. — (ERE — ES)

MONEO, j'avertis.

INDICATIF.

####### PRÉSENT.

Sing.   Mon eo,   *j'avertis.*
           Mon es,   *tu avertis.*
           Mon et,   *il avertit.*

SECONDE CONJUGAISON

Plur. Mon emus, nous avertissons.
Mon etis, vous avertissez.
Mon ent, ils avertissent.

IMPARFAIT.

Sing. Mon ebam, j'avertissais.
Mon ebas, tu avertissais.
Mon ebat, il avertissait.
Plur. Mon ebamus, nous avertissions.
Mon ebatis, vous avertissiez.
Mon ebant, ils avertissaient.

PRÉTÉRIT PARFAIT.

Sing. Mon ui, j'ai averti, j'avertis.
Mon uisti, tu as averti.
Mon uit. il a averti.
Plur. Mon uimus, nous avons averti.
Mon uistis, vous avez averti.
Mon uerunt *ou* Monuere, ils ont averti.

PLUS-QUE-PARFAIT.

Sing. Mon ueram, j'avais averti.
Mon ueras, tu avais averti.
Mon uerat, il avait averti.
Plur. Mon ueramus, nous avions averti.
Mon ueratis, vous aviez averti.
Mon uerant, ils avaient averti.

DES VERBES ACTIFS

FUTUR.

Sing.	Mon ebo,	*j'avertirai.*
	Mon ebis,	*tu avertiras.*
	Mon ebit,	*il avertira.*
Plur.	Mon ebimus,	*nous avertirons.*
	Mon ebitis,	*vous avertirez.*
	Mon ebunt,	*ils avertiront.*

IMPÉRATIF.

PRÉSENT.

Sing.	Mon e, *ou* moneto,	*avertis.*
	Mon eat,	*qu'il avertisse.*
Plur.	Mon eamus,	*avertissons.*
	Mon ete, *ou* monetote,	*avertissez.*
	Mon eant,	*qu'ils avertissent.*

FUTUR.

Sing. Mon eto tu, *ou* monebis, *avertis, tu avertiras.*

Mon eto ille, *ou* monebit, *qu'il avertisse, il avertira.*

Plur. Mon etote, *ou* monebitis, *avertissez, vous avertirez.*

Mon ento, *ou* monebunt, *qu'ils avertissent, ils avertiront.*

OPTATIF.

PRÉSENT ET IMPARFAIT.

Sing. Utinam Mon erem, *plût à Dieu que j'avertisse.*

SECONDE CONJUGAISON

     Mon eres *que tu avertisses.*
     Mon eret, *qu'il avertît.*
Plur. Utinam Mon eremus, *que nous avertissions.*
     Mon eretis, *que vous avertissiez.*
     Mon erent, *qu'ils avertissent.*

PARFAIT.

Sing. Utinam Monu erim, *plaise à Dieu que j'aie averti.*
     Monu eris, *que tu aies averti.*
     Monu erit, *qu'il ait averti.*
Plur. Utinam Monu erimus, *que nous ayons averti.*
     Monu eritis, *que vous ayez averti.*
     Monu erint, *qu'ils aient averti.*

PLUS-QUE-PARFAIT.

Sing. Utinam Monu issem, *plût à Dieu que j'eusse averti.*
     Monu isses, *que tu eusses averti.*
     Monu isset, *qu'il eût averti.*
Plur. Utinam Monu issemus, *que nous eussions averti.*
     Monu issetis, *que vous eussiez averti.*
     Monu issent, *qu'ils eussent averti.*

FUTUR.

Sing. Utinam Mon eam, *plaise à Dieu que j'avertisse.*
     Mon eas, *que tu avertisses.*
     Mon eat, *qu'il avertisse.*

Plur. Utinam Mon eamus, *que nous avertissions.*
Mon eatis, *que vous avertissiez.*
Mon eant, *qu'ils avertissent.*

CONJONCTIF.

PRÉSENT.

Sing. Cum Mon eam,   *puisque j'avertis.*
Mon eas,   *puisque tu avertis.*
Mon eat,   *puisqu'il avertit.*
Plur. Cum Mon eamus, *puisque nous avertissons.*
Mon eatis, *puisque vous avertissez.*
Mon eant, *puisqu'ils avertissent.*

Quamvis moneam, Si moneam, Nisi moneam.

IMPARFAIT.

Sing. Cum Mon erem, *puisque j'avertissais.*
Mon eres, *puisque tu avertissais.*
Mon eret, *puisqu'il avertissait.*
Plur. Cum Mon eremus, *puisque nous avertissions.*
Mon eretis, *puisque vous avertissiez.*
Mon erent, *puisqu'ils avertissaient.*
Si monerem.

PARFAIT.

Sing. Cum Mon uerim, *puisque j'ai averti.*
Mon ueris, *puisque tu as averti.*
Mon uerit, *puisqu'il a averti.*

Plur. Cum Mon uerimus, *puisque nous avons averti.*
Mon ueritis, *puisque vous avez averti.*
Mon uerint, *puisqu'ils ont averti.*

PLUS-QUE-PARFAIT.

Sing. Cum Mon uissem, *puisque j'avais averti.*
Mon uisses, *puisque tu avais averti*
Mon uisset, *puisqu'il avait averti.*
Plur. Cum Mon uissemus, *puisque nous avions averti.*
Mon uissetis, *puisque vous aviez averti.*
Mon uissent, *puisqu'ils avaient averti*

FUTUR.

Sing. Cum Mon uero, *quand j'aurai averti.*
Mon ueris, *quand tu auras averti*
Mon uerit, *quand il aura averti.*
Plur. Cum Mon uerimus, *quand nous aurons averti.*
Mon ueritis, *quand vous aurez averti.*
Mon uerint, *quand ils auront averti*

INFINITIF.

PRÉSENT ET IMPARFAIT.

Mon ere, *avertir, qu'il avertisse, qu'il avertissait.*

DES VERBES ACTIFS.

PARFAIT ET PLUS-QUE-PARFAIT.

Mon uisse, *avoir averti, qu'il a averti, qu'il avait averti.*

FUTUR.

Sing. Mon iturum, am, um esse, *devoir avertir, qu'il avertira.*

Plur. Mon ituros, as, a esse, *devoir avertir, qu'ils avertiront.*

FUTUR PARFAIT.

Sing. Mon iturum, am, um fuisse, *avoir dû avertir, qu'il eût averti.*

Plur. Mon ituros, as, a fuisse, *avoir dû avertir, qu'ils eussent averti.*

GÉRONDIFS.

Mon endi, *d'avertir.*
Mon endo, *en avertissant.*
Mon endum, *pour avertir.*

SUPINS.

Mon itum, *avertir.*
Mon itu, *à avertir.*

PARTICIPES.

PRÉSENT ET IMPARFAIT.

Mon ens, Mon entis, *avertissant, qui avertit, qui avertissait.*

SECONDE CONJUGAISON

FUTUR.

Mon iturus, a, um, *devant avertir, qui avertira.*

CONJUGUEZ SUR **Moneo** :

PRÉSENT DE L'IND.	PARFAIT DE L'IND.	SUPIN.	PRÉSENT DE L'INF.		
Doc eo, es,	ui,	tum,	ere,	*act.,*	*enseigner.*
Vid eo, es,	vidi,	visum,	ere,	*act.,*	*voir.*
Stud eo, es,	ui,	—,	ere,	*neut.,*	*étudier.*
Sed eo, es,	sedi,	sessum,	ere,	*neut.,*	*être assis.*

SECONDE CONJUGAISON

DES VERBES PASSIFS.

37 — (ERI — ERIS ou ERE)

INDICATIF.

PRÉSENT.

Sing.   **Mon** eor,   *je suis averti.*
       Mon eris *ou* **Mon** ere, *tu es averti.*
       Mon etur,   *il est averti.*
Plur.   **Mon** emur,   *nous sommes avertis.*
       Mon emini,   *vous êtes avertis.*
       Mon entur.   *ils sont avertis.*

IMPARFAIT.

Sing.   **Mon** ebar,   *j'étais averti.*
       Mon ebaris *ou* **Mon** ebare, *tu étais averti.*
       Mon ebatur,   *il était averti.*

DES VERBES PASSIFS

Plur. Mon ebamur,   *nous étions avertis.*
Mon ebamini,   *vous étiez avertis.*
Mon ebantur,   *ils étaient avertis.*

PARFAIT.

Sing. Mon itus, a, um sum *ou* fui, *j'ai été averti, je fus averti.*

Mon itus, a, um es *ou* fuisti, *tu as été averti.*

Mon itus, a, um est *ou* fuit, *il a été averti.*

Plur. Mon iti, æ, a sumus *ou* fuimus, *nous avons été avertis.*

Mon iti, æ, a estis *ou* fuistis, *vous avez été avertis.*

Mon iti, æ, a sunt *ou* fuerunt *ou* fuere, *ils ont été avertis.*

PLUS-QUE-PARFAIT.

Sing. Mon itus, a, um eram *ou* fueram, *j'avais été averti.*

Mon itus, a, um eras *ou* fueras, *tu avais été averti.*

Mon itus, a, um erat *ou* fuerat, *il avait été averti.*

Plur. Mon iti, æ, a eramus *ou* fueramus, *nous avions été avertis.*

Mon iti, æ, a eratis *ou* fueratis, *vous aviez été avertis.*

Mon iti, æ, a erant *ou* fuerant, *ils avaient été avertis.*

SECONDE CONJUGAISON

FUTUR.

Sing. Mon ebor, *je serai averti.*
Mon eberis *ou* Monebere, *tu seras averti.*
Mon ebitur, *il sera averti.*
Plur. Mon ebimur, *nous serons avertis.*
Mon ebimini, *vous serez avertis.*
Mon ebuntur, *ils seront avertis.*

IMPÉRATIF.

PRÉSENT.

Sing. Mon ere, *ou* mon etor, *sois averti.*
Mon eatur, *qu'il soit averti.*
Plur. Mon eamur, *soyons avertis.*
Mon emini, *ou* mon eminor, *soyez avertis.*
Mon eantur, *qu'ils soient avertis.*

FUTUR.

Sing. Mon etor tu, Mon eberis, *ou* Mon ebere,
    sois averti, tu seras averti.
Mon etor ille, *ou* Mon ebitur, *qu'il soit*
    averti, il sera averti.
Plur. Mon eminor, *ou* Mon ebimini, *soyez avertis,*
    vous serez avertis.
Mon entor, *ou* Mon ebuntur, *qu'ils soient*
    avertis, ils seront avertis.

OPTATIF.

PRÉSENT ET IMPARFAIT.

Sing. Utinam Mon erer, *plût à Dieu que je fusse averti.*

Mon ereris *ou* Mon erere, *que tu fusses averti.*

Mon eretur, *qu'il fût averti.*

Plur. Utinam Mon eremur, *plût à Dieu que nous fussions avertis.*

Mon eremini, *que vous fussiez avertis.*

Mon erentur, *qu'ils fussent avertis.*

PARFAIT.

Sing. Utinam Mon itus, a, um sim *ou* fuerim, *plaise à Dieu que j'aie été averti.*

Mon itus, a, um sis *ou* fueris, *que tu aies été averti.*

Mon itus, a, um sit *ou* fuerit, *qu'il ait été averti.*

Plur. Utinam Mon iti, æ, a simus *ou* fuerimus, *plaise à Dieu que nous ayons été avertis.*

Mon iti, æ, a sitis *ou* fueritis, *que vous ayez été avertis.*

Mon iti, æ, a sint *ou* fuerint, *qu'ils aient été avertis.*

SECONDE CONJUGAISON

PLUS-QUE-PARFAIT.

Sing. Utinam Mon itus, a um essem *ou* fuissem, *plût à Dieu que j'eusse été averti.*

Mon itus, a, um esses *ou* fuisses, *que tu eusses été averti.*

Mon itus, a, um esset *ou* fuisset, *qu'il eût été averti.*

Plur. Utinam Mon iti, æ, a essemus *ou* fuissemus, *plût à Dieu que nous eussions été avertis.*

Mon iti, æ, a essetis *ou* fuissetis, *que vous eussiez été avertis.*

Mon iti, æ, a essent *ou* fuissent, *qu'ils eussent été avertis.*

FUTUR.

Sing. Utinam Mon ear, *plaise à Dieu que je sois averti.*

Mon earis *ou* Mon eare, *que tu sois averti.*

Mon eatur, *qu'il soit averti.*

Plur. Utinam Mon eamur, *plaise à Dieu que nous soyons avertis.*

Mon eamini, *que vous soyez avertis.*

Mon eantur, *qu'ils soient avertis.*

DES VERBES PASSIFS

CONJONCTIF.

PRÉSENT.

Sing. Cum Mon ear,   *puisque je suis averti.*
Mon earis *ou* Mon eare, *puisque tu es averti.*
Mon eatur,   *puisqu'il est averti.*
Plur. Cum Mon eamur, *puisque nous sommes avertis.*
Mon eamini, *puisque vous êtes avertis.*
Mon eantur, *puisqu'ils sont avertis.*
Quamvis monear, Si monear.

IMPARFAIT.

Sing. Cum Mon erer,   *puisque j'étais averti.*
Mon ereris *ou* Mon erere, *puisque tu étais averti.*
Mon eretur,   *puisqu'il était averti.*
Plur. Cum Mon eremur, *puisque nous étions avertis.*
Mon eremini, *puisque vous étiez avertis.*
Mon erentur, *puisqu'ils étaient avertis.*
Si monerer.

PARFAIT.

Sing. Cum Mon itus, a, um sim *ou* fuerim, *puisque j'ai été averti.*
Mon itus, a, um sis *ou* fueris, *puisque tu as été averti.*
Mon itus, a, um sit *ou* fuerit, *puisqu'il a été averti.*

Plur. Cum Mon iti, æ, a simus *ou* fuerimus, *puisque nous avons été avertis.*

Mon iti, æ, a sitis *ou* fueritis, *puisque vous avez été avertis.*

Mon iti, æ, a sint *ou* fuerint, *puisqu'ils ont été avertis.*

PLUS-QUE-PARFAIT.

Sing. Cum Mon itus, a, um essem *ou* fuissem, *puisque j'avais été averti.*

Mon itus, a, um esses *ou* fuisses, *puisque tu avais été averti.*

Mon itus, a, um esset *ou* fuisset, *puisqu'il avait été averti.*

Plur. Cum Mon iti, æ, a essemus *ou* fuissemus, *puisque nous avions été avertis.*

Mon iti, æ, a essetis *ou* fuissetis, *puisque vous aviez été avertis.*

Mon iti, æ, a essent *ou* fuissent, *puisqu'ils avaient été avertis.*

FUTUR.

Sing. Cum Mon itus, a, um ero *ou* fuero, *quand j'aurai été averti.*

Mon itus, a, um eris *ou* fueris, *quand tu auras été averti.*

Mon itus, a, um erit *ou* fuerit, *quand il aura été averti.*

Plur. Cum Mon iti, æ, a erimus *ou* fuerimus, *quand nous aurons été avertis.*

DSS VERBES PASSIFS 83

Mon iti, æ, a eritis ou fueritis, *quand vous aurez été avertis.*

Mon iti, æ, a erunt ou fuerint, *quand ils auront été avertis.*

INFINITIF.

PRÉSENT ET IMPARFAIT.

Mon eri, *être averti, qu'il est averti, qu'il était averti.*

PARFAIT ET PLUS-QUE-PARFAIT.

Sing. Mon itum, am, um esse ou fuisse, *avoir été averti, qu'il a été averti, qu'il avait été averti.*

Plur. Mon itos, as, a esse ou fuisse, *avoir été avertis, qu'ils ont été avertis, qu'ils avaient été avertis.*

FUTUR.

Sing. Mon itum iri ou Mon endum, am, um esse, *devoir être averti, qu'il sera averti.*

Plur. Mon itum iri ou Mon endos, as, a esse, *devoir être avertis, qu'ils seront avertis.*

FUTUR PARFAIT.

Sing. Mon endum, am, um fuisse, *avoir dû être averti, qu'il eût été averti.*

Plur. Mon endos, as, a fuisse, *avoir dû être avertis, qu'ils eussent été avertis.*

PARTICIPES.

PASSÉ.

Mon itus, a, um, *averti, qui a été averti, qui avait été averti.*

FUTUR.

Mon endus, a, um, *devant être averti, qui sera averti.*

TROISIÈME CONJUGAISON

DES VERBES ACTIFS.

(ERE — IS).

38.   *LEGO, je lis.*

INDICATIF.

PRÉSENT.

Sing.   Leg o,   *je lis.*
         Leg is,   *tu lis.*
         Leg it,   *il lit.*
Plur.   Leg imus,   *nous lisons.*
         Leg itis,   *vous lisez.*
         Leg unt,   *ils lisent.*

IMPARFAIT.

Sing.   Leg ebam,   *je lisais.*
         Leg ebas,   *tu lisais.*
         Leg ebat,   *il lisait.*

DES VERBES ACTIFS

Plur.   Leg ebamus,   *nous lisions.*
        Leg ebatis,   *vous lisiez.*
        Leg ebant,   *ils lisaient.*

PARFAIT.

Sing.   Leg i,   *j'ai lu.*
        Leg isti,   *tu as lu.*
        Leg it,   *il a lu.*
Plur.   Leg imus,   *nous avons lu.*
        Leg istis,   *vous avez lu.*
        Leg erunt *ou* Leg ere, *ils ont lu.*

PLUS-QUE-PARFAIT.

Sing.   Leg eram,   *j'avais lu.*
        Leg eras,   *tu avais lu.*
        Leg erat,   *il avait lu.*
Plur.   Leg eramus,   *nous avions lu.*
        Leg eratis,   *vous aviez lu.*
        Leg erant,   *ils avaient lu.*

FUTUR.

Sing.   Leg am,   *je lirai.*
        Leg es,   *tu liras.*
        Leg et,   *il lira.*
Plur.   Leg emus,   *nous lirons.*
        Leg etis,   *vous lirez.*
        Leg ent,   *ils liront.*

IMPÉRATIF.

PRÉSENT.

Sing. Leg e ou leg ito,   lis.
Leg at,   qu'il lise.
Plur. Leg amus,   lisons.
Leg ite ou leg itote, lisez.
Leg ant,   qu'ils lisent.

FUTUR.

Sing. Leg ito tu ou leg es,   lis, tu liras.
Leg ito ille ou leg et,   qu'il lise, etc.
Plur. Leg itote ou leg etis, lisez.
Leg unto ou leg ent, qu'ils lisent.

OPTATIF.

PRÉSENT ET IMPARFAIT.

Sing. Utinam Leg erem,   plût à Dieu que je lusse.
Leg eres,   que tu lusses.
Leg eret,   qu'il lût.
Plur. Utinam Leg eremus, plût à Dieu que nous lussions.
Leg eretis, que vous lussiez.
Leg erent, qu'ils lussent.

PARFAIT.

Sing. Utinam Leg erim, plaise à Dieu que j'aie lu.
Leg eris,   que tu aies lu.
Leg erit,   qu'il ait lu.

Plur. Utinam Leg erimus, *plaise à Dieu que nous ayons lu.*
　　　　　Leg eritis,　　*que vous ayez lu.*
　　　　　Leg erint,　　*qu'ils aient lu.*

PLUS-QUE-PARFAIT.

Sing. Utinam Leg issem, *plût à Dieu que j'eusse lu.*
　　　　　Leg isses,　　*que tu eusses lu.*
　　　　　Leg isset,　　*qu'il eût lu.*
Plur. Utinam Leg issemus, *plût à Dieu que nous eussions lu.*
　　　　　Leg issetis, *que vous eussiez lu.*
　　　　　Leg issent,　*qu'ils eussent lu.*

FUTUR.

Sing. Utinam Leg am,　*plaise à Dieu que je lise.*
　　　　　Leg as,　　*que tu lises.*
　　　　　Leg at,　　*qu'il lise.*
Plur. Utinam Leg amus, *plaise à Dieu que nous lisions.*
　　　　　Leg atis,　　*que vous lisiez.*
　　　　　Leg ant,　　*qu'ils lisent.*

CONJONCTIF.

PRÉSENT.

Sing. Cum Leg am,　*puisque je lis.*
　　　　　Leg as,　　*puisque tu lis.*
　　　　　Leg at,　　*puisqu'il lit.*

TROISIÈME CONJUGAISON

Plur. Cum Leg amus, *puisque nous lisons.*
           Leg atis, *puisque vous lisez.*
           Leg ant, *puisqu'ils lisent.*
Quamvis Legam, Si Legam.

IMPARFAIT.

Sing. Cum Leg erem, *puisque je lisais.*
           Leg eres, *puisque tu lisais.*
           Leg eret, *puisqu'il lisait.*
Plur. Cum Leg eremus, *puisque nous lisions.*
           Leg eretis, *puisque vous lisiez.*
           Leg erent, *puisqu'ils lisaient.*
Si Legerem.

PARFAIT.

Sing. Cum Leg erim, *puisque j'ai lu.*
           Leg eris, *puisque tu as lu.*
           Leg erit, *puisqu'il a lu.*
Plur. Cum Leg erimus, *puisque nous avons lu.*
           Leg eretis, *puisque vous avez lu.*
           Leg erint, *puisqu'ils ont lu.*

PLUS-QUE-PARFAIT.

Sing. Cum Leg issem, *puisque j'avais lu.*
           Leg isses, *puisque tu avais lu.*
           Leg isset, *puisqu'il avait lu.*
Plur. Cum Leg issemus, *puisque nous avions lu.*
           Leg issetis, *puisque vous aviez lu.*
           Leg issent, *puisqu'ils avaient lu.*

FUTUR.

Sing.	Cum	Leg ero,	*quand j'aurai lu.*
		Leg eris,	*quand tu auras lu.*
		Leg erit,	*quand il aura lu.*
Plur.	Cum	Leg erimus,	*quand nous aurons lu.*
		Leg eritis,	*quand vous aurez lu.*
		Leg erint,	*quand ils auront lu.*

INFINITIF.

PRÉSENT ET IMPARFAIT.

Leg ere, *lire, qu'il lit, qu'il lisait.*

PARFAIT ET PLUS-QUE-PARFAIT.

Leg isse, *avoir lu, qu'il a lu, qu'il avait lu.*

FUTUR.

Sing. Lec turum, am, um esse, *devoir lire, qu'il lira.*

Plur. Lec turos, as, a esse, *devoir lire, qu'ils liront.*

FUTUR PARFAIT.

Sing. Lec turum, am, um fuisse, *avoir dû lire, qu'il eût lu.*

Plur. Lec turos, as, a fuisse, *avoir dû lire, qu'ils eussent lu.*

GÉRONDIFS.

Leg endi,	*de lire.*
Leg endo,	*en lisant.*
Leg endum,	*pour lire.*

SUPINS.

Lec tum,	*lire.*
Lec tu,	*à lire.*

PARTICIPES.

PRÉSENT.

Leg ens, Leg entis, *lisant, qui lit, qui lisait.*

FUTUR.

Lec turus, a, um, *devant lire, qui lira.*

CONJUGUEZ SUR **Lego**:

PRÉSENT DE L'IND.	PARFAIT DE L'IND.	SUPIN.	PRÉSENT DE L'INF.
Ago, is,	egi,	actum,	agere, *act., agir, faire.*
Emo, is,	emi,	emptum,	emere, *act., acheter.*
Cano, is,	cecini,	cantum,	canere, *neut., chanter.*
Vivo, is,	vixi,	victum,	vivere, *neut., vivre.*

TROISIÈME CONJUGAISON

DES VERBES PASSIFS.

39. — (I — ERIS ou ERE.)

INDICATIF.

PRÉSENT.

Sing.	Leg or,	*je suis lu.*
	Leg eris *ou* Leg ere,	*tu es lu.*
	Leg itur,	*il est lu.*
Plur.	Leg imur,	*nous sommes lus.*
	Leg imini,	*vous êtes lus.*
	Leg untur,	*ils sont lus.*

IMPARFAIT.

Sing. Leg ebar,   *j'étais lu.*
Leg ebaris *ou* Leg ebare, *tu étais lu.*
Leg ebatur,   *il était lu.*
Plur. Leg ebamur,   *nous étions lus.*
Leg ebamini,   *vous étiez lus.*
Leg ebantur,   *ils étaient lus.*

PARFAIT.

Sing. Lec tus, a, um sum *ou* fui, *j'ai été lu, je fus lu,* etc.
Lec tus, a, um es *ou* fuisti, *tu as été lu.*
Lec tus, a, um est *ou* fuit, *il a été lu.*
Plur. Lec ti, æ, a sumus *ou* fuimus, *nous avons été lus.*
Lec ti, æ, a estis *ou* fuistis, *vous avez été lus.*
Lec ti, æ, a sunt *ou* fuerunt *ou* fuere, *ils ont été lus.*

PLUS-QUE-PARFAIT.

Sing. Lec tus, a, um eram *ou* fueram, *j'avais été lu.*
Lec tus, a, um eras *ou* fueras, *tu avais été lu.*
Lec tus, a, um erat *ou* fuerat, *il avait été lu.*
Plur. Lec ti, æ, a eramus *ou* fueramus, *nous avions été lus.*
Lec ti, æ, a eratis *ou* fueratis, *vous aviez été lus.*
Lec ti, æ, a erant *ou* fuerant, *ils avaient été lus.*

TROISIÈME CONJUGAISON

FUTUR.

Sing. Leg ar, *je serai lu.*
Leg eris *ou* Leg ere, *tu seras lu.*
Leg etur, *il sera lu.*
Plur. Leg emur, *nous serons lus.*
Leg emini, *vous serez lu.*
Leg entur, *ils seront lus.*

IMPÉRATIF.

PRÉSENT.

Sing. Leg ere *ou* Leg itor, *sois lu.*
Leg atur, *qu'il soit lu.*
Plur. Leg amur *soyons lus.*
Leg imini *ou* Leg iminor, *soyez lus.*
Leg antur, *qu'ils soient lus.*

FUTUR.

Sing Leg itor tu, Leg eris *ou* Leg ere, *sois lu, tu seras lu.*
Leg itor ille *ou* Leg etur, *qu'il soit lu.*
Plur. Leg iminor *ou* Leg emini, *soyez lus.*
Leg untor *ou* Leg entur, *qu'ils soient lus.*

OPTATIF.

PRÉSENT ET IMPARFAIT.

Sing. Utinam Leg erer, *plût à Dieu que je fusse lu.*
Leg ereris *ou* Leg erere, *que tu fusses lu.*
Leg eretur, *qu'il fût lu.*

DES VERBES PASSIFS

Plur. Utinam Leg eremur, *plût à Dieu que nous fussions lus.*
    Leg eremini, *que vous fussiez lus.*
    Leg erentur, *qu'ils fussent lus.*

PARFAIT.

Sing. Utinam Lec tus, a, um sim *ou* fuerim, *plaise à Dieu que j'aie été lu.*
    Lec tus, a, um sis *ou* fueris, *que tu aies été lu.*
    Lec tus, a, um sit *ou* fuerit, *qu'il ait été lu.*
Plur. Utinam Lec ti, æ, a simus *ou* fuerimus, *plaise à Dieu que nous ayons été lus.*
    Lec ti, æ, a sitis *ou* fueritis, *que vous ayez été lus.*
    Lec ti, æ, a sint *ou* fuerint, *qu'ils aient été lus.*

PLUS-QUE-PARFAIT.

Sing. Utinam Lec tus, a, um essem *ou* fuissem, *plût à Dieu que j'eusse été lu.*
    Lec tus, a, um esses *ou* fuisses, *que tu eusses été lu.*
    Lec tus, a, um esset *ou* fuisset, *qu'il eût été lu.*
Plur. Utinam Lec ti, æ, a essemus *ou* fuissemus, *plût à Dieu que nous eussions été lus.*

TROISIÈME CONJUGAISON

Lec ti, æ, a essetis *ou* fuissetis *que vous eussiez été lus.*
Lec ti, æ, a, essent *ou* fuissent, *qu'ils eussent été lus.*

FUTUR.

Sing. Utinam Leg ar, *plaise à Dieu que je sois lu.*
Leg aris *ou* Leg are, *que tu sois lu.*
Leg atur, *qu'il soit lu.*
Plur. Utinam Leg amur, *plaise à Dieu que nous soyons lus.*
Leg amini, *que vous soyez lus.*
Leg antur, *qu'ils soient lus.*

CONJONCTIF.

PRÉSENT.

Sing. Cum Leg ar, *puisque je suis lu.*
Leg aris *ou* Legare, *puisque tu es lu.*
Leg atur, *puisqu'il est lu.*
Plur. Cum Leg amur, *puisque nous sommes lus.*
Leg amini, *puisque vous êtes lus.*
Leg antur, *puisqu'ils sont lus.*
Quamvis Legar, si Legar.

IMPARFAIT.

Sing. Cum Leg erer, *puisque j'étais lu.*
Leg ereris *ou* Leg erere, *puisque tu étais lu.*
Leg eretur *puisqu'il était lu.*

Plur. Cum Leg eremur, *puisque nous étions lus.*
Leg eremini, *puisque vous étiez lus.*
Leg erentur, *puisqu'ils étaient lus.*

Si Legerer.

PARFAIT.

Sing. Cum Lec tus, a, um sim ou fuerim, *puisque j'ai été lu.*
Lec tus, a, um sis ou fueris, *puisque tu as été lu.*
Lec tus, a, um sit ou fuerit *puisqu'il a été lu.*

Plur. Cum Lec ti, æ, a simus ou fuerimus, *puisque nous avons été lus.*
Lec ti, æ, a sitis ou fueritis, *puisque vous avez été lus.*
Lec ti, æ, a sint ou fuerint, *puisqu'ils ont été lus.*

PLUS-QUE-PARFAIT.

Sing. Cum Lec tus, a, um essem ou fuissem, *puisque j'avais été lu.*
Lec tus, a, um esses ou fuisses *puisque tu avais été lu.*
Lec tus, a, um esset ou fuisset *puisqu'il avait été lu.*

Plur. Cum Lec ti, æ, a essemus ou fuissemus, *puisque nous avions été lus,*
Lec ti, æ, a essetis ou fuissetis *puisque vous aviez été lus.*
Lec ti, æ, a essent ou fuissent, *puisqu'ils avaient été lus.*

TROISIÈME CONJUGAISON

FUTUR.

Sing. Cum Lec tus, a, um ero *ou* fuero, *quand j'aurai été lu.*

Lec tus, a, um eris *ou* fueris, *quand tu auras été lu.*

Lec tus, a, um erit *ou* fuerit, *quand il aura été lu.*

Plur. Cum Lec ti, æ, a erimus *ou* fuerimus, *quand nous aurons été lus.*

Lec ti, æ, a eritis *ou* fueritis, *quand vous aurez été lus.*

Lec ti, æ, a erunt *ou* fuerint, *quand ils auront été lus.*

INFINITIF.

PRÉSENT ET IMPARFAIT.

Leg i, *être lu, qu'il est lu, qu'il était lu.*

PARFAIT ET PLUS-QUE-PARFAIT.

Sing. Lec tum, am, um esse *ou* fuisse, *avoir été lu, qu'il a été lu, qu'il avait été lu.*

Plur. Lec tos, as, a esse *ou* fuisse, *avoir été lus, qu'ils ont été lus.*

FUTUR.

Sing. Lec tum iri *ou* Leg endum, am, um esse, *devoir être lu, qu'il sera lu.*

Plur. Lec tum iri *ou* Leg endos, as, a esse, *devoir être lus, qu'ils seront lus.*

DES VERBES ACTIFS

FUTUR PARFAIT.

Sing. Leg endum, am, um fuisse, *avoir dû être lu, qu'il eût été lu.*
Plur. Leg endos, as, a fuisse, *avoir dû être lus, qu'ils eussent été lus.*

PARTICIPES.

PASSÉ.

Lec tus, Lec ta, Lec tum, *lu, qui a été lu, qui avait été lu.*

FUTUR.

Leg endus, a, um, *devant être lu, qui sera lu.*

APPENDICE

A LA TROISIÈME CONJUGAISON.

40. — Plusieurs verbes de la troisième conjugaison, au lieu de se terminer au présent de l'indicatif en *o* comme *lego*, se terminent en *io*.

Ils se conjuguent comme Cap io, *prendre.*

INDICATIF.

PRÉSENT.

Sing. Cap io, *je prends.*
Cap is,
Cap it,

Plur. Cap imus,
Cap itis,
Cap iunt.

IMPARFAIT.

Sing. Cap iebam,   *je prenais.*
Cap iebas,
Cap iebat,
Plur. Cap iebamus,
Cap iebatis,
Cap iebant.

PARFAIT.

Sing. Cep i,   *j'ai pris.*
Cep isti, etc.
. . . . . .

PLUS-QUE-PARFAIT.

Sing. Cep eram,   *j'avais pris.*
Cep eras,
. . . . . .

FUTUR.

Sing. Cap iam,   *je prendrai.*
Cap ies,
Cap iet,
Plur. Cap iemus,
Cap ietis,
Cap ient.

IMPÉRATIF.

PRÉSENT.

Sing. Cap e, ou ito,   *prends*
Cap iat,

Plur. Cap iamus,
Cap ite, *ou* itote,
Cap iant.

FUTUR.

Sing. Cap ito tu, *ou* Capies, *prends, tu prendras.*

Cap ito ille *ou* Capiet,
Plur. Cap itote *ou* Capietis,
Cap iunto *ou* Capient.

OPTATIF.

PRÉSENT ET IMPARFAIT.

Sing. Utinam Cap erem, *plût à Dieu que je prisse.*
Cap eres, etc.

PARFAIT.

Sing. Utinam Cep erim, *plaise à Dieu que j'aie pris.*
Cep eris, etc.

PLUS-QUE-PARFAIT.

Sing. Utinam Cep issem, *plût à Dieu que j'eusse pris.*
Cep isses, etc.

CONJONCTIF.

PRÉSENT.

Sing. Cum Cap iam, *puisque je prends.*
Cap ias,
Cap iat,

Plur. **Cum Cap iamus,**
Cap iatis,
Cap iant.

IMPARFAIT.

Sing. **Cum Cap erem,** *puisque je prenais.*
Cap eres, etc.

PLUS-QUE-PARFAIT.

Sing. **Cum Cep issem,** *puisque j'avais pris.*
Cep isses, etc.

FUTUR.

Sing. **Cum Cep ero,** *quand j'aurais pris.*
Cep eris, etc.

INFINITIF.

PRÉSENT ET IMPARFAIT.

Cap ere, *prendre, qu'il prend, qu'il prenait.*

PARFAIT ET PLUS-QUE-PARFAIT.

Cep isse, *avoir pris, qu'il a pris, qu'il avait pris.*

FUTUR.

Sing. **Cap turum, am, um esse,** *devoir prendre, qu'il prendra.*
Plur **Cap turos, as, a esse,** *devoir prendre, qu'ils prendront.*

DES VERBES ACTIFS

FUTUR PARFAIT.

Sing. Cap turum, am, um fuisse, *avoir dû prendre, qu'il eût pris.*
Plur. Cap turos, as, a fuisse, *avoir dû prendre, qu'ils eussent pris.*

GÉRONDIFS.

Cap iendi,   *de prendre.*
Cap iendo,   *en prenant.*
Cap iendum,   *pour prendre.*

SUPINS.

Cap tum,   *prendre.*
Cap tu,   *à prendre.*

PARTICIPES.

PRÉSENT ET IMPARFAIT.

Cap iens, Cap ientis, *prenant, qui prend, qui prenait.*

PARTICIPE FUTUR.

Cap turus, a, um, *devant prendre, qui prendra.*

CONJUGUEZ DE MÊME :

PRÉSENT DE L'IND.	PARFAIT DE L'IND.	SUPIN.	INF. PRÉS.	
Accipio, is,	Accepi,	Acceptum,	Accipere,	*recevoir.*
Cupio, is,	Cupivi,	Cupitum,	Cupere,	*désirer.*

REMARQUE : A la voix passive, ce verbe prend un *i* entre le radical et la terminaison, aux mêmes temps et de la même manière qu'à la voix active.

IND. PRÉS. : Cap ior, Cap eris *ou* Cap ere, Cap itur, etc.
IMPARF. Cap iebar, Cap iebaris, etc.
FUTUR. : Cap iar, etc.
IMPÉR. PRÉS. : Cap ere *ou* Cap itor, etc.
FUTUR. : Cap itor tu *ou* Cap ieris, etc.
CONJ. PRÉS. : Cum Cap iar, etc.
IMPARF. : Cum Cap erer, Cap ereris, etc., etc.

QUATRIÈME CONJUGAISON

DES VERBES ACTIFS.

41. — (IRE — IS.)

AUDIO, j'entends.

INDICATIF.

PRÉSENT.

Sing.	Audi o,	*j'entends.*
	Aud is,	*tu entends.*
	Aud it,	*il entend.*
Plur.	Aud imus,	*nous entendons.*
	Aud itis,	*vous entendez.*
	Aud iunt,	*ils entendent.*

IMPARFAIT.

Sing.	Aud iebam,	*j'entendais.*
	Aud iebas,	*tu entendais.*
	Aud iebat,	*il entendait.*

DES VERBES ACTIFS

Plur. Aud iebamus,   *nous entendions.*
      Aud iebatis,   *vous entendiez.*
      Aud iebant,   *ils entendaient.*

PARFAIT.

Sing. Aud ivi,   *j'ai entendu, j'entendis, etc.*
      Aud ivisti,   *tu as entendu.*
      Aud ivit,   *il a entendu.*
Plur. Aud ivimus,   *nous avons entendu.*
      Aud ivistis,   *vous avez entendu.*
      Aud iverunt *ou* Audivere, *ils ont entendu.*

PLUS-QUE-PARFAIT.

Sing. Aud iveram,   *j'avais entendu.*
      Aud iveras,   *tu avais entendu.*
      Aud iverat,   *il avait entendu.*
Plur. Aud iveramus,   *nous avions entendu.*
      Aud iveratis,   *vous aviez entendu.*
      Aud iverant,   *ils avaient entendu.*

FUTUR.

Sing. Aud iam,   *j'entendrai.*
      Aud ies,   *tu entendras.*
      Aud iet,   *il entendra.*
Plur. Aud iemus,   *nous entendrons.*
      Aud ietis,   *vous entendrez.*
      Aud ient,   *ils entendront.*

IMPÉRATIF.

PRÉSENT.

Sing. Aud i *ou* audito,   *entends.*
       Aud iat,   *qu'il entende.*
Plur. Aud iamus,   *entendons.*
       Aud ite *ou* auditote, *entendez.*
       Aud iant,   *qu'ils entendent.*

FUTUR.

Sing. Aud itotu *ou* audies, *entends, tu entendras.*
       Aud ito ille *ou* audiet, *qu'il entende, il entendra.*
Plur. Aud itote *ou* audietis, *entendez, vous entendrez.*
       Aud iunto *ou* audient, *qu'ils entendent, ils entendront.*

OPTATIF.

PRÉSENT ET IMPARFAIT.

Sing. Utinam Aud irem, *plût à Dieu que j'entendisse.*
               Aud ires,   *que tu entendisses.*
               Aud iret,   *qu'il entendît.*
Plur. Utinam Aud iremus, *plût à Dieu que nous entendissions.*
               Aud iretis, *que vous entendissiez.*
               Aud irent, *qu'ils entendissent.*

PARFAIT.

Sing. Utinam Aud iverim, *plaise à Dieu que j'aie entendu.*
               Aud iveris,   *que tu aies entendu.*
               Aud iverit,   *qu'il ait entendu.*

Plur. Utinam Aud iverimus, *plaise à Dieu que nous ayons entendu.*
Aud iveritis, *que vous ayez entendu.*
Aud iverint, *qu'ils aient entendu.*

PLUS-QUE-PARFAIT.

Sing. Utinam Aud ivissem, *plût à Dieu que j'eusse entendu.*
Aud ivisses, *que tu eusses entendu.*
Aud ivisset, *qu'il eût entendu.*
Plur. Utinam Aud ivissemus, *plût à Dieu que nous eussions entendu.*
Aud ivissetis, *que vous eussiez entendu.*
Aud ivissent, *qu'ils eussent entendu.*

FUTUR.

Sing. Utinam Aud iam, *plaise à Dieu que j'entende.*
Aud ias, *que tu entendes.*
Aud iat, *qu'il entende.*
Plur. Utinam Aud iamus, *plaise à Dieu que nous entendions.*
Aud iatis, *que vous entendiez.*
Aud iant, *qu'ils entendent.*

CONJONCTIF.

PRÉSENT.

Sing. Cum Aud iam, *puisque j'entends.*
Aud ias, *puisque tu entends.*
Aud iat, *puisqu'il entend.*

QUATRIÈME CONJUGAISON

Plur. Cum Aud iamus,   *puisque nous entendons*
            Aud iatis,   *puisque vous entendez.*
            Aud iant,   *puisqu'ils entendent.*

IMPARFAIT.

Sing. Cum Aud irem,   *puisque j'entendais.*
            Aud ires,   *puisque tu entendais.*
            Aud iret,   *puisqu'il entendait.*
Plur. Cum Aud iremus,   *puisque nous entendions.*
            Aud iretis,   *puisque vous entendiez*
            Aud irent,   *puisqu'ils entendaient.*

PARFAIT.

Sing. Cum Aud iverim,   *puisque j'ai entendu.*
            Aud iveris,   *puisque tu as entendu.*
            Aud iverit,   *puisqu'il a entendu.*
Plur. Cum Aud iverimus,   *puisque nous avons entendu.*
            Aud iveritis,   *puisque vous avez entendu.*
            Aud iverint,   *puisqu'ils ont entendu.*

PLUS-QUE-PARFAIT.

Sing. Cum Aud ivissem, *puisque j'avais entendu.*
            Aud ivisses, *puisque tu avais entendu.*
            Aud ivisset, *puisqu'il avait entendu.*
Plur. Cum Aud ivissemus, *puisque nous avions entendu.*
            Aud ivissetis,   *puisque vous aviez entendu.*
            Aud ivissent,   *puisqu'ils avaient entendu.*

FUTUR.

Sing. Cum Aud ivero, *quand j'aurai entendu.*
Aud iveris, *quand tu auras entendu.*
Aud iverit, *quand il aura entendu.*
Plur. Cum Aud iverimus, *quand nous aurons entendu.*
Aud iveritis, *quand vous aurez entendu.*
Aud iverint, *quand ils auront entendu.*

INFINITIF.

PRÉSENT ET IMPARFAIT.

Aud ire, *entendre, qu'il entende, qu'il entendait.*

PARFAIT ET PLUS-QUE-PARFAIT.

Aud ivisse, *avoir entendu, qu'il a entendu, qu'il avait entendu.*

FUTUR.

Sing. Aud iturum, am, um esse, *devoir entendre, qu'il entendra.*
Plur. Aud ituros, as, a esse, *devoir entendre, qu'ils entendront.*

FUTUR PARFAIT.

Sing. Aud iturum, am, um fuisse, *avoir dû entendre, qu'il eût entendu.*
Plur. Aud ituros, as, a fuisse, *avoir dû entendre, qu'ils eussent entendu.*

QUATRIÈME CONJUGAISON

GÉRONDIFS.

Aud iendi,   *d'entendre.*
Aud iendo,   *en entendant.*
Aud iendum,   *pour entendre.*

SUPINS.

Aud itum,   *entendre.*
Aud itu,   *à entendre.*

PARTICIPES.

PRÉSENT ET IMPARFAIT.

Aud iens, Aud ientis, *entendant, qui entend, qui entendait.*

FUTUR.

Aud iturus, a, um, *devant entendre, qui entendra.*

CONJUGUEZ SUR **Audio** :

PRÉSENT DE L'IND.	PARFAIT DE L'IND.	SUPIN.	PRÉSENT DE L'INF.		
Erud io, is,	ivi, ii,	itum,	ire,	*act.,*	*instruire.*
Fin io, is,	ivi, ii,	itum,	ire,	*act.,*	*finir.*
Sent io, is,	sens i,	sens um,	sent ire,	*act.,*	*sentir.*
Ven io, is,	ven i,	ven tum,	ven ire,	*neut.,*	*venir.*

QUATRIÈME CONJUGAISON

DES VERBES PASSIFS.

42. — (IRI-IRIS ou IRE).

INDICATIF.

PRÉSENT.

Sing. Aud ior,   je suis entendu.
         Aud iris *ou* Audire, tu es entendu.
         Aud itur,   il est entendu.
Plur. Aud imur,   nous sommes enten-
                              dus.
         Aud imini,   vous êtes entendus.
         Aud iuntur,   ils sont entendus.

IMPARFAIT.

Sing. Aud iebar,   j'étais entendu.
         Aud iebaris *ou* Audiebare, tu étais entendu.
         Aud iebatur,   il était entendu.
Plur. Aud iebamur,   nous étions entendus.
         Aud iebamini,   vous étiez entendus.
         Aud iebantur,   ils étaient entendus.

PARFAIT.

Sing. Aud itus, a, um sum *ou* fui, j'ai été entendu,
je fus entendu, etc.
Aud itus, a, um es *ou* fuisti, tu as été entendu.
Aud itus, a, um est *ou* fuit, il a été entendu.

QUATRIÈME CONJUGAISON

Plur. Aud iti, æ, a sumus *ou* fuimus, *nous avons été entendus.*

Aud iti, æ, a estis *ou* fuistis, *vous avez été entendus.*

Aud iti, æ, a sunt *ou* fuerunt *ou* fuere, *ils ont été entendus.*

PLUS-QUE-PARFAIT.

Sing. Aud itus, a, um eram *ou* fueram, *j'avais été entendu.*

Audi tus, a, um eras *ou* fueras, *tu avais été entendu.*

Aud itus, a, um erat *ou* fuerat, *il avait été entendu.*

Plur. Aud iti, æ, a eramus *ou* fueramus, *nous avions été entendus.*

Aud iti, æ, a eratis *ou* fueratis, *vous aviez été entendus.*

Aud iti, æ, a erant *ou* fuerant, *ils avaient été entendus.*

FUTUR.

Sing. Aud iar,   *je serai entendu.*
Aud ieris *ou* Aud iere, *tu seras entendu.*
Aud ietur,   *il sera entendu.*
Plur. Aud iemur,   *nous serons entendus.*
Aud iemini,   *vous serez entendus.*
Aud ientur,   *ils seront entendus.*

IMPÉRATIF.

PRÉSENT.

Sing. Aud ire ou Aud itor, *sois entendu.*
Aud iatur, *qu'il soit entendu.*
Plur. Aud iamur, *soyons entendus.*
Aud imini ou Aud iminor, *soyez entendus.*
Aud iantur, *qu'ils soient entendus.*

FUTUR.

Sing. Aud itor tu ou Aud ieris ou Aud iere, *sois entendu, tu seras entendu.*
Aud itor ille ou Aud ietur, *qu'il soit entendu, il sera entendu.*
Plur. Aud iminor ou Aud iemini, *soyez entendus, vous serez entendus.*
Aud iuntor ou Aud ientur, *qu'ils soient entendus, ils seront entendus.*

OPTATIF.

PRÉSENT ET IMPARFAIT.

Sing. Utinam Au direr, *plût à Dieu que je fusse entendu.*
Aud ireris ou Aud irere, *que tu fusses entendu.*
Aud iretur, *qu'il fût entendu.*
Plur. Utinam Aud iremur, *plût à Dieu que nous fussions entendus.*
Aud iremini, *que vous fussiez entendus.*
Aud irentur, *qu'ils fussent entendus.*

QUATRIÈME CONJUGAISON

PARFAIT.

Sing.   Utinam Auditus, a, um sim *ou* fuerim, *plaise à Dieu que j'aie été entendu.*

          Aud itus, a, um sis *ou* fueris, *que tu aies été entendu.*

          Aud itus, a, um sit *ou* fuerit, *qu'il ait été entendu.*

Plur.   Utinam Aud iti, æ, a simus *ou* fuerimus, *plaise à Dieu que nous ayons été entendus.*

          Aud iti, æ, a sitis *ou* fueritis, *que vous ayez été entendus.*

          Aud iti, æ, a sint *ou* fuerint, *qu'ils aient été entendus.*

PLUS-QUE-PARFAIT.

Sing.   Utinam Aud itus, a, um essem *ou* fuissem *plût à Dieu que j'eusse été entendu.*

          Audi tus, a, um esses *ou* fuisses, *que tu eusses été entendu.*

          Aud itus, a, um esset *ou* fuisset, *qu'il eût été entendu.*

Plur.   Utinam Aud iti, æ, a essemus *ou* fuissemus, *plût à Dieu que nous eussions été entendus.*

          Aud iti, æ, a essetis *ou* fuissetis, *que vous eussiez été entendus.*

          Aud iti, æ, a essent *ou* fuissent, *qu'ils eussent été entendus.*

DES VERBES PASSIFS

FUTUR.

Sing. Utinam Aud iar, *plaise à Dieu que je sois entendu.*
Aud iaris *ou* Audiare, *que tu sois entendu.*
Aud iatur, *qu'il soit entendu.*
Plur. Utinam Aud iamur, *plaise à Dieu que nous soyons entendus.*
Aud iamini, *que vous soyez entendus.*
Aud iantur, *qu'ils soient entendus.*

CONJONCTIF.

PRÉSENT.

Sing. Cum Aud iar, *puisque je suis entendu.*
Aud iaris *ou* Aud iare, *puisque tu es entendu.*
Aud iatur, *puisqu'il est entendu.*
Plur. Cum Aud iamur, *puisque nous sommes entendus.*
Aud iamini, *puisque vous êtes entendus.*
Aud iantur, *puisqu'ils sont entendus.*

IMPARFAIT.

Sing. Cum Aud irer, *puisque j'étais entendu.*
Aud ireris *ou* Aud irere, *puisque tu étais entendu.*
Aud iretur, *puisqu'il était entendu.*

QUATRIÈME CONJUGAISON

Plur. Cum Aud iremur, *puisque nous étions entendus.*
Aud iremini, *puisque vous étiez entendus.*
Aud irentur, *puisqu'ils étaient entendus.*

PARFAIT.

Sing. Cum Aud itus, a, um sim *ou* fuerim, *puisque j'ai été entendu.*
Aud itus, a, um sis *ou* fueris, *puisque tu as été entendu.*
Aud itus, a, um sit *ou* fuerit, *puisqu'il a été entendu.*

Plur. Cum Aud iti, æ, a simus *ou* fuerimus, *puisque nous avons été entendus.*
Aud iti, æ, a sitis *ou* fueritis, *puisque vous avez été entendus.*
Aud iti, æ, a sint *ou* fuerint, *puisqu'ils ont été entendus.*

PLUS-QUE-PARFAIT.

Sing. Cum Aud itus, a, um essem *ou* fuissem, *puisque j'avais été entendu.*
Aud itus, a, um esses *ou* fuisses, *puisque tu avais été entendu.*
Aud itus, a, um esset *ou* fuisset, *puisqu'il avait été entendu.*

Plur. Cum Aud iti, æ, a essemus *ou* fuissemus, *puisque nous avions été entendus.*

DES VERBES PASSIFS. 115

  Aud iti, æ, a essetis ou fuissetis, *puisque vous aviez été entendus.*
  Aud iti, æ, a essent ou fuissent, *puisqu'ils avaient été entendus.*

FUTUR.

Sing. Cum Aud itus, a, um ero *ou* fuero, *quand j'aurai été entendu.*
  Aud itus, a, um eris *ou* fueris, *quand tu auras été entendu.*
  Aud itus, a, um erit *ou* fuerit, *quand il aura été entendu.*
Plur. Cum Aud iti, æ, a erimus *ou* fuerimus, *quand nous aurons été entendus.*
  Aud iti, æ, a eritis *ou* fueritis, *quand vous aurez été entendus.*
  Aud iti, æ, a erunt *ou* fuerint, *quand ils auront été entendus.*

INFINITIF.

PRÉSENT ET IMPARFAIT.

Aud iri, *être entendu, qu'il est entendu, qu'il était entendu.*

PARFAIT ET PLUS-QUE-PARFAIT.

Sing. Aud itum, am, um esse *ou* fuisse, *avoir été entendu, qu'il a été entendu, qu'il avait été entendu.*
Plur. Aud itos, as, a esse *ou* fuisse, *avoir été entendus, qu'ils ont été entendus, qu'ils avaient été entendus.*

FUTUR.

Sing. Aud itum iri *ou* Aud iendum, am, um esse, *devoir être entendu, qu'il sera entendu.*

Plur. Aud itum iri *ou* Aud iendos, as, a esse, *devoir être entendus, qu'ils seront entendus.*

FUTUR PARFAIT.

Sing. Aud iendum, am, um fuisse, *avoir dû être entendu, qu'il eût été entendu.*

Plur. Aud iendos, as, a fuisse, *avoir dû être entendus, qu'ils eussent été entendus.*

PARTICIPES.

PARFAIT ET PLUS-QUE-PARFAIT.

Aud itus, a, um, *entendu, qui a été entendu, qui avait été entendu.*

FUTUR.

Aud iendus, a, um, *devant être entendu, qui sera entendu.*

FORMATION DES TEMPS DE LA VOIX ACTIVE.

43. — On appelle *temps primitifs* les temps qui servent à former les autres, et *temps dérivés* ceux qui sont formés des temps primitifs.

Il y a 4 temps primitifs : le *présent de l'infinitif*, le *présent de l'indicatif*, le *parfait de l'indicatif*, et le *supin*.

Du présent de l'infinitif se forment : le présent de l'impératif, en retranchant *re* pour les 4 conjugaisons ; le futur de l'impératif, en remplaçant *re* par *to* pour la 1re, la 2e, et la 4e conjugaison, et en changeant *ere* en *ito* pour la 3e ; et l'imparfait de l'optatif et du conjonctif, en y ajoutant la lettre *m*.

Inf. présent	Ama *re*	Mone *re*	Lege *re*	Audi *re*.
Imp. prés.	ama	mone	lege	audi.
Imp. fut.	ama *to*	mone *to*	leg *ito*	audi *to*.
Optat. Conj. } Imp.	ama *rem*	mone *rem*	lege *rem*	audi *rem*.

Du présent de l'indicatif se forment : 1o l'imparfait de l'indicatif, en changeant :

    o en *abam* pour la 1re conjugaison.
    eo en *ebam* pour la 2e.
    o en *ebam* pour la 3e et la 4e.

2o le futur de l'indicatif, en changeant :

    o en *abo* pour la 1re conjugaison.
    eo en *ebo* pour la 2e.
    o en *am* pour la 3e et la 4e.

3o le futur de l'opt. et le présent du conjonct., en changeant :

    o en *em* pour la 1re conjugaison.
    eo en *eam* pour la 2e.
    o en *am* pour les deux autres.

4o le participe présent, en changeant :

    o en *ans* pour la 1re conjugaison.
    eo en *ens* pour la 2e.
    o en *ens* pour les deux autres.

5° le gérondif, en changeant :

o en *andi, ando, andum*, pour la 1re conjugaison.
eo en *endi, endo, endum*, pour la 2e.
o en *endi, endo, endum*, pour les deux autres.

Ind. présent	Am *o*	Mon *eo*	Leg *o*	Audi *o*.
	ama *bam*	mon *ebam*	leg *ebam*	audi *ebam*.
	ama *bo*	mon *ebo*	leg *am*	audi *am*.
Opt. futur. Conj. prés.	am *em*	mon *eam*	leg *am*	audi *am*.
Particip. pr.	am *ans*	mon *ens*	leg *ens*	audi *ens*.
Gérondif.	am *andi*	mon *endi*	leg *endi*	audi *endi*.
	am *ando*	mon *endo*	leg *endo*	audi *endo*.
	am *andum*	mon *endum*	leg *endum*	audi *endum*

Le *gérondif* se forme aussi du génitif du participe présent ; en changeant *tis* en *di, do, dum*. Ex. *aman tis, aman di*, etc.; *eun tis, eun di*, etc.

Du parfait de l'indicatif se forment :

1° le plus-que-parf. de l'ind. en changeant *i* en *eram* ⎫
2° le parf. du conj. et de l'optatif — *i* en *erim* ⎪
3° le plus-que-parf. de l'opt. et du conjonctif — *i* en *issem* ⎬ pour les 4 conj.
4° le futur du conjonctif — *i* en *ero* ⎪
5° le parfait de l'infinitif — *i* en *isse* ⎭

Parf. de l'in.	Amav *i*	Monu *i*	Leg *i*	Audiv *i*
Plus-que-p.	amav *eram*	monu *eram*	leg *eram*	audiv *eram*
Parf. op. conj.	amav *erim*	monu *erim*	leg *erim*	audiv *erim*
P.-q.-p. op. c.	amav *issem*	monu *issem*	leg *issem*	audiv *issem*
Fut. du conj.	amav *ero*	monu *ero*	leg *ero*	audiv *ero*
Parf. de l'inf.	amav *isse*	monu *isse*	leg *isse*	audiv *isse*

Du supin se forme le participe futur en changeant *m* en *rus, ra, rum*.

Supin.	Amatu *m*	Monitu *m*	Lectu *m*	Auditu *m*
Part. fut.	amatu *rus*	monitu *rus*	lectu *rus*	auditu *rus*
	amatu *ra*	monitu *ra*	lectu *ra*	auditu *ra*
	amatu *rum*	monitu *rum*	lectu *rum*	auditu *rum*

DIC, DUC, FAC.

Trois verbes retranchent à la 2e personne du sing. de l'impératif la lettre *e*, ce sont :

Dic, *dis*, de dicere, *dire*.   Fac, *fais*, de facere, *faire*.
Duc, *conduis*, de ducere, *conduire*.

Leurs composés forment l'impératif de la même manière : edic, *ordonne*, deduc, *emmène*, calefac, *chauffe*. Cependant les composés de *facere*, qui changent *a* en *i*, forment l'impératif régulièrement : *confice*, *perfice*.

Remarque : L'impératif *sci*, de scire, *savoir*, n'est pas usité ; on se sert de l'autre forme *scito*.

FORMATION DES TEMPS DE LA VOIX PASSIVE.

Les temps simples de la voix passive se forment des temps correspondants de la voix active, en ajoutant *r* à la voyelle *o*, et en changeant *m* en *r*. L'impératif se forme en ajoutant *re* à l'impératif actif. Pour former l'infinitif, on change *ere* en *i* pour la 3e conjugaison ; *e* en *i* pour les 3 autres.

	prés.	Amo	Moneo	Lego	Audio
		amo *r*	moneo *r*	lego *r*	audio *r*
Ind.	imp.	amabam	monebam	legebam	audiebam
		amaba *r*	moneba *r*	legeba *r*	audieba *r*
	fut.	amabo	monebo	legam	audiam
		amabo *r*	monebo *r*	lega *r*	audia *r*

Impér.	prés.	ama	mone	lege	audi
		ama *re*	mone *re*	lege *re*	audi *re*
	fut.	amato	moneto	legito	audito
		amato *r*	moneto *r*	legito *r*	audito *r*
Opt. fut.		amem	moneam	legam	audiam
Conj. pr.		ame *r*	monea *r*	lega *r*	audia *r*
Opt. Conj.	imparf.	amarem	monerem	legerem	audirem
		amare *r*	monere *r*	legere *r*	audire *r*
Inf. prés.		amare	monere	legere	audire
		amar *i*	moner *i*	leg *i*	audir *i*
Supin		amatum	monitum	lectum	auditum
		amatu	monitu	lectu	auditu

Le participe passé se forme du supin actif en changeant *um* en *us, a, um*.

Le participe futur se forme du gérondif actif en changeant *di* en *dus, da, dum*.

Les temps composés se forment du participe passé et des différents temps du verbe *sum*, comme on l'a vu dans la conjugaison des verbes passifs.

Il faut en excepter le futur de l'infinitif. Ce futur a deux formes :

La première, qui est invariable, est composée du supin actif et de *iri* (inf. passif de ire, *aller*); *amatum iri, monitum iri, lectum iri, auditum iri* :

La seconde se compose du participe futur passif et de l'auxiliaire *esse*.

Amand *um, am, um* esse ou *fuisse*.
Monend *um, am, um* esse ou *fuisse*.
Legend *um, am, um* esse ou *fuisse*.
Audiend *um, am, um* esse ou *fuisse*.

CONJUGAISON

DES VERBES DÉPONENTS ET DES VERBES COMMUNS.

44. — On appelle verbes *déponents*, les verbes qui, avec la terminaison *or* du passif, ont la signification active ou neutre.

Ainsi : Morior, *mourir;* proficiscor, *partir.*

On appelle verbes *communs*, les verbes qui, avec la terminaison *or* du passif, ont la signification active, et de plus quelquefois, la signification passive.

Ainsi : Hortor, *exhorter*, et *être exhorté.*

1re REMARQUE : Les verbes *communs* sont très-rares ; encore ne faut-il employer, dans le sens passif, que le participe passé et les temps composés qui en dérivent.

2e REMARQUE : Les verbes *déponents* et les verbes *communs* se conjuguent comme les verbes passifs. L'infinitif seul présente quelques différences.

CONJUGAISON

DE L'INFINITIF DU VERBE COMMUN.

INFINITIF PRÉSENT ET IMPARFAIT *communs.*

Depopul ari, *ravager, être ravagé.*

PARFAIT ET PLUT-QUE-PARFAIT *communs.*

Depopul atum, am, um esse *ou* fuisse, *avoir ravagé, avoir été ravagé.*

VERBES

FUTUR ACTIF.

Depopul aturum, am, um esse, *devoir ravager*.

FUTUR PASSIF.

Depopul atum iri *ou* depopul andum, am, um esse, *devoir être ravagé*.

GÉRONDIFS.

Depopul andi,   *de ravager*.
Depopul ando,   *en ravageant*.
Depopul andum, *pour ravager*.

SUPINS.

Depopul atum,   *ravager*.
Depopul atu,   *à ravager*.

PARTICIPE PRÉSENT ACTIF.

Depopul ans, depopul antis, *ravageant*.

PARTICIPE FUTUR ACTIF.

Depopul aturus, a, um, *devant ravager*.

PARTICIPE PASSÉ *commun*.

Depopul atus, a, um, *ayant ravagé, étant ravagé*.

PARTICIPE FUTUR PASSIF.

Depopul andus, a, um, *devant être ravagé*.

DÉPONENTS

CONJUGAISON

DE L'INFINITIF DU VERBE DÉPONENT.

INFINITIF.

PRÉSENT ET IMPARFAIT.

Prof icisci, *partir*.

PARFAIT ET PLUS-QUE-PARFAIT.

Prof ectum, am, um esse *ou* **fuisse**, *être parti*.

FUTUR.

Prof ecturum, am, um esse, *devoir partir*.

GÉRONDIFS.

Prof iciscendi,   *de partir*.
Prof iciscendo,   *en partant*.
Prof iciscendum,   *pour partir*.

SUPIN.

Prof ectum,   *partir*.

PARTICIPES.

PARTICIPE PRÉSENT.

Prof iciscens,   *partant*.

PARTICIPE FUTUR.

Prof ecturus, a, um, *devant partir*.

PARTICIPE PASSÉ.

Prof ectus, a, um, *étant parti*.

CONJUGAISON

DES VERBES IRRÉGULIERS.

45. — On appelle verbes irréguliers ceux qui ne se conjuguent pas selon les modèles des quatre conjugaisons ordinaires.

Le verbe *Sum* occupe le premier rang parmi les verbes irréguliers : en effet, outre qu'il n'appartient à aucune des 4 conjugaisons, seul, il a la première personne du présent de l'indicatif terminée par la syllabe *um*.

Il est formé de 3 verbes :
Esum, Fuo, Forem (79).

I. POSSUM, *je peux.*

INDICATIF.

PRÉSENT.

S. Possum,   *je peux.*
   Potes,   *tu peux.*
   Potest,   *il peut.*
P. Possumus,   *nous pouvons.*
   Potestis,   *vous pouvez.*
   Possunt,   *ils peuvent.*

IMPARFAIT.

S. Poteram,   *je pouvais.*
   Poteras, etc.

PARFAIT.

S. Potui, j'ai pu ou je pus.
Potuisti, etc.

PLUS-QUE-PARFAIT.

S. Potueram, j'avais pu.
Potueras, etc.

FUTUR.

S. Potero, je pourrai.
Poteris, etc.

IMPÉRATIF.

PRÉSENT.

Fac possis, fais en sorte de pouvoir.

OPTATIF.

PRÉSENT ET IMPARFAIT.

S. Utinam Possem, plût à Dieu que je pusse:
Posses, etc.

PARFAIT.

S. Utinam Potuerim, plaise à Dieu que j'aie pu.
Potueris, etc.

PLUS-QUE-PARFAIT.

S. Utinam Potuissem, plût à Dieu que j'eusse pu.
Potuisses, etc.

FUTUR.

S. Utinam Possim, plaise à Dieu que je puisse.
Possis, etc.

CONJONCTIF.

PRÉSENT.

S. Cum Possim, *puisque je peux.*
       Possis, etc.

IMPARFAIT.

S. Cum Possem, *puisque je pouvais.*
       Posses, etc.

PARFAIT.

S. Cum Potuerim, *puisque j'ai pu.*
       Potueris, etc.

PLUS-QUE-PARFAIT.

S. Cum Potuissem, *puisque j'avais pu.*
       Potuisses, etc.

FUTUR.

S. Cum Potuero, *quand j'aurai pu.*
       Potueris, etc.

INFINITIF.

PRÉSENT ET IMPARFAIT.

Posse, *pouvoir, qu'il peut, qu'il pouvait.*

PARFAIT ET PLUS-QUE-PARFAIT.

Potuisse, *avoir pu, qu'il a pu, qu'il avait pu* (81).

46. — II. PROSUM, *je suis utile.*

INDICATIF.

PRÉSENT.

S. Prosum,   je suis utile.
   Prodes,   tu es utile.
   Prodest,   il est utile.
P. Prosumus,   nous sommes utiles.
   Prodestis,   vous êtes utiles.
   Prosunt,   ils sont utiles.

IMPARFAIT.

S. Proderam,   j'étais utile.
   Proderas, etc.

PARFAIT.

S. Profui,   j'ai été utile.
   Profuisti, etc.

PLUS-QUE-PARFAIT.

S. Profueram,   j'avais été utile.
   Profueras, etc.

FUTUR.

S. Prodero,   je serai utile.
   Proderis, etc.

IMPÉRATIF.

PRÉSENT.

Fac **Prosis**, *fais en sorte d'être utile.*

OPTATIF.

PRÉSENT ET IMPARFAIT.

S. Utinam Prodessem, *plût à Dieu que je fusse utile.*
Prodesses, etc.

PARFAIT.

S. Utinam Profuerim, *plaise à Dieu que j'aie été utile.*
Profueris, etc.

PLUS-QUE-PARFAIT.

S. Utinam Profuissem, *plût à Dieu que j'eusse été utile.*
Profuisses, etc.

FUTUR.

S. Utinam Prosim, *plaise à Dieu que je sois utile.*
Prosis, etc.

CONJONCTIF.

PRÉSENT.

S. Cum Prosim, *puisque je suis utile.*
Prosis, etc.

IMPARFAIT.

S. Cum Prodessem, *puisque j'étais utile.*
Prodesses, etc.

PARFAIT.

S. Cum Profuerim, *puisque j'ai été utile.*
Profueris, etc.

PLUS-QUE-PARFAIT.

S. Cum Profuissem, *puisque j'avais été utile.*
Profuisses, etc.

FUTUR.

S. Cum Profuero, *quand j'aurai été utile.*
Profueris, etc.

INFINITIF.

PRÉSENT ET IMPARFAIT.

Prodesse, *être utile, qu'il est utile, qu'il était utile.*

Profuisse, *avoir été utile, qu'il a été utile, qu'il avait été utile.*

FUTUR.

S. Profuturum, am, um esse, *devoir être utile, qu'il sera utile.*

P. Profuturos, as, a esse, *devoir être utiles, qu'ils seront utiles.*

FUTUR PARFAIT.

S. Profuturum, am, um fuisse, *avoir dû être utile, qu'il eût été utile.*

P. Profuturos, as, a fuisse, *avoir dû être utiles, qu'ils eussent été utiles.*

PARTICIPE.

FUTUR.

Profuturus, a, um, *devant être utile, qui sera utile.*

47. — III. GAUDEO, *je me réjouis.*

INDICATIF.

PRÉSENT.

S. Gaudeo, *je me réjouis.*
Gaudes, etc.

IMPARFAIT.

S. Gaudebam, *je me réjouissais.*
Gaudebas, etc.

PARFAIT.

S. Gavisus, a, um sum *ou* fui, *je me suis réjoui.*
Gavisus, a, um es *ou* fuisti, etc.

PLUS-QUE-PARFAIT.

S. Gavisus, a, um eram *ou* fueram, *je m'étais réjoui.*

Gavisus, a, um eras *ou* fueras, etc.

FUTUR.

S. Gaudebo, *je me réjouirai.*
Gaudebis, etc.

IMPÉRATIF.

PRÉSENT.

S. Gaude *ou* Gaudeto, *réjouis-toi.*
Gaudeto ille, etc.

OPTATIF.

PRÉSENT ET IMPARFAIT.

S. Utinam Gauderem, *plût à Dieu que je me réjouisse.*

Gauderes, etc.

DES VERBES IRRÉGULIERS

PARFAIT.

S. Utinam Gavisus, a, um sim *ou* fuerim, *plaise à Dieu que je me sois réjoui.*

Gavisus, a, um sis *ou* fueris, etc.

PLUS-QUE-PARFAIT.

S. Utinam Gavisus, a, um essem *ou* fuissem, *plût à Dieu que je me fusse réjoui.*

Gavisus, a, um esses *ou* fuisses, etc.

FUTUR.

S. Utinam Gaudeam, *plaise à Dieu que je me réjouisse.*

Gaudeas, etc.

CONJONCTIF.

PRÉSENT.

S. Cum Gaudeam, *puisque je me réjouis.*

Gaudeas, etc.

IMPARFAIT.

S. Cum Gauderem, *puisque je me réjouissais.*

Gauderes, etc.

PARFAIT.

S. Cum Gavisus, a, um sim *ou* fuerim, *puisque je me suis réjoui.*

Gavisus, a, um sis *ou* fueris, etc.

PLUS-QUE-PARFAIT.

S. Cum Gavisus, a, um essem *ou* fuissem, *puisque je m'étais réjoui.*

Gavisus, a, um esses *ou* fuisses, etc.

FUTUR.

S. Cum Gavisus, a, um ero *ou* fuero, *quand je me serai réjoui*.

Gavisus, a, um eris *ou* fueris, etc.

INFINITIF.

PRÉSENT ET IMPARFAIT.

Gaudere, *se réjouir*.

PARFAIT ET PLUS-QUE-PARFAIT.

Gavisum, am, um esse *ou* fuisse, *s'être réjoui*.

FUTUR.

Gavisurum, am, um, esse, *devoir se réjouir*.

FUTUR PARFAIT.

Gavisurum, am, um fuisse, *avoir dû se réjouir*.

PARTICIPE PRÉSENT.

Gaudens, gaudentis, *se réjouissant*.

PARTICIPE PASSÉ.

Gavisus, a, um, *s'étant réjoui*.

PARTICIPE FUTUR.

Gavisurus, a, um, *devant se réjouir*.

GÉRONDIFS.

Gaudendi, *de se réjouir*.

Gaudendo, *en se réjouissant*.

Gaudendum, *pour se réjouir*.

Ainsi se conjuguent : audere, audeo, ausus sum, *oser*; solere, soleo, solitus sum, *avoir coutume*.

48. — IV. FERO, *je porte.*

INDICATIF.

PRÉSENT.

S. Fero,   *je porte.*
   Fers,   *tu portes.*
   Fert,   *il porte.*
P. Ferimus,   *nous portons.*
   Fertis,   *vous portez.*
   Ferunt,   *ils portent.*

IMPARFAIT.

S. Ferebam,   *je portais.*
   Ferebas, etc.

PARFAIT.

S. Tuli,   *j'ai porté.*
   Tulisti, etc.

PLUS-QUE-PARFAIT.

S. Tuleram,   *j'avais porté.*
   Tuleras, etc.

FUTUR.

S. Feram,   *je porterai.*
   Feres, etc.

IMPÉRATIF.

PRÉSENT.

S. Fer ou Ferto,   *porte.*
   Ferat,   *qu'il porte.*

P. Ferte *ou* Fertote,   *portez.*
    Ferant,   *qu'ils portent.*

FUTUR.

S. Ferto tu *ou* Feres,   *porte, tu porteras.*
    Ferto ille *ou* Feret,   *qu'il porte, il portera.*
P. Fertote *ou* Feretis,   *portez, vous porterez.*
    Ferunto *ou* Ferent,   *qu'ils portent, ils por-*
                                            teront.

OPTATIF.

PRÉSENT ET IMPARFAIT.

S. Utinam Ferrem,   *plût à Dieu que je portasse.*
    Ferres, etc.

PARFAIT.

S. Utinam Tulerim,   *plaise à Dieu que j'aie porté.*
    Tuleris, etc.

PLUS-QUE-PARFAIT.

S. Utinam Tulissem, *plût à Dieu que j'eusse porté.*
    Tulisses, etc.

FUTUR.

S. Utinam Feram,   *plaise à Dieu que je porte.*
    Feras, etc.

CONJONCTIF.

PRÉSENT.

S. Cum Feram,   *puisque je porte.*
        Feras, etc.

DES VERBES IRRÉGULIERS

IMPARFAIT.

S. Cum Ferrem, *puisque je portais.*
Ferres, etc.

PARFAIT.

S. Cum Tulerim, *puisque j'ai porté.*
Tuleris, etc.

PLUS-QUE-PARFAIT.

S. Cum Tulissem, *puisque j'avais porté.*
Tulisses, etc.

FUTUR.

S. Cum Tulero, *quand j'aurai porté.*
Tuleris, etc.

INFINITIF.

PRÉSENT ET IMPARFAIT.

Ferre, *porter, qu'il porte, qu'il portait.*

PARFAIT ET PLUS-QUE-PARFAIT.

Tulisse, *avoir porté, qu'il a porté, qu'il avait porté.*

FUTUR.

S. Laturum, am, um esse, *devoir porter, qu'il portera.*
P. Laturos, as, a esse, *devoir porter, qu'ils porteront.*

FUTUR PARFAIT.

S. Laturum, am, um fuisse, *avoir dû porter, qu'il eût porté.*

P. Laturos, as, a fuisse, *avoir dû porter, qu'ils eussent porté.*

GÉRONDIFS.

Ferendi, *de porter.*
Ferendo, *en portant.*
Ferendum, *à porter.*

SUPINS.

Latum, *porter.*
Latu, *à porter.*

PARTICIPES.

PRÉSENT ET IMPARFAIT.

Ferens, Ferentis, *portant, qui porte, qui portait.*

FUTUR.

Laturus, a, um, *devant porter, qui portera.*
(82)

CONJUGUEZ DE MÊME SES COMPOSÉS.

PRÉSENT DE L'IND.	PARFAIT DE L'IND.	SUPIN.	PRÉSENT DE L'INF.	
Affero, ers,	Attuli,	Allatum,	Afferre,	*act.* *j'apporte.*
Aufero, ers,	Abstuli,	Ablatum,	Auferre,	*act.* *j'emporte,* etc.

49. — V. FEROR, *je suis porté.*

INDICATIF.

PRÉSENT.

S. Feror,   *je suis porté.*
   Ferris *ou* Ferre,   *tu es porté.*
   Fertur,   *il est porté.*
P. Ferimur,   *nous sommes portés.*
   Ferimini,   *vous êtes portés.*
   Feruntur,   *ils sont portés.*

IMPARFAIT.

S. Ferebar,   *j'étais porté.*
   Ferebaris *ou* Ferebare, etc.

PARFAIT.

S. Latus, a, um sum *ou* fui, *j'ai été porté.*
   Latus, a, um es *ou* fuisti, etc.

PLUS-QUE-PARFAIT.

S. Latus, a, um eram *ou* fueram, *j'avais été porté*
   Latus, a, um eras *ou* fueras, etc.

FUTUR.

S. Ferar,   *je serai porté.*
   Fereris *ou* Ferere,   *tu seras porté.*
   Feretur,   *il sera porté.*
P. Feremur,   *nous serons portés.*
   Feremini,   *vous serez portés.*
   Ferentur,   *ils seront portés.*

IMPÉRATIF.

PRÉSENT.

S. Ferre *ou* Fertor,   *sois porté.*
    Feratur,   *qu'il soit porté.*
P. Feramur,   *soyons portés.*
    Ferimini *ou* Feriminor, *soyez portés.*
    Ferantur,   *qu'ils soient portés.*

FUTUR.

S. Fertor tu *ou* Fereris, *sois porté, tu seras porté.*
    Fertor ille *ou* Feretur, *qu'il soit porté, il sera porté.*
P. Feriminor *ou* Feremini, *soyez portés, vous serez portés.*
    Feruntor *ou* Ferentur, *qu'ils soient portés, ils seront portés.*

OPTATIF.

PRÉSENT ET IMPARFAIT.

S. Utinam Ferrer, *plût à Dieu que je fusse porté.*
        Ferreris *ou* Ferrere, *que tu fusses porté.*
        Ferretur,   *qu'il fût porté.*
P. Utinam Ferremur, *plût à Dieu que nous fussions portés.*
        Ferremini,   *que vous fussiez portés.*
        Ferrentur,   *qu'ils fussent portés.*

PARFAIT.

S. Utinam Latus, a, um sim *ou* fuerim, *plaise à Dieu que j'aie été porté.*
        Latus, a, um sis *ou* fueris, etc.

PLUS-QUE-PARFAIT.

S. Utinam Latus, a, um essem *ou* fuissem, *plût à Dieu que j'eusse été porté.*
Latus, a, um esses *ou* fuisses, etc.

FUTUR.

S. Utinam Ferar, *plaise à Dieu que je sois porté.*
Feraris *ou* Ferare, etc.

CONJONCTIF.

PRÉSENT.

S. Cum Ferar, *puisque je suis porté.*
Feraris *ou* Ferare, etc.

IMPARFAIT.

S. Cum Ferrer, *puisque j'étais porté.*
Ferreris *ou* Ferrere, etc.

PARFAIT.

S. Cum Latus, a, um sim *ou* fuerim, *puisque j'ai été porté.*
Latus, a, um sis *ou* fueris, etc.

PLUS-QUE-PARFAIT.

S. Cum Latus, a, um essem *ou* fuissem, *puisque j'avais été porté.*
Latus, a, um esses *ou* fuisses, etc.

FUTUR.

S. Cum Latus, a, um ero *ou* fuero, *quand j'aurai été porté.*
Latus, a, um eris *ou* fueris, etc.

INFINITIF.

PRÉSENT ET IMPARFAIT.

Ferri, *être porté, qu'il est porté, qu'il était porté.*

PARFAIT ET PLUS-QUE-PARFAIT.

S. Latum, am, um esse *ou* fuisse, *avoir été porté, qu'il a été porté, qu'il avait été porté.*

P. Latos, as, a esse *ou* fuisse, *avoir été portés, qu'ils ont été portés, qu'ils avaient été portés.*

FUTUR.

S. Latum iri *ou* Ferendum, am, um esse, *devoir être porté, qu'il sera porté.*

P. Latum iri *ou* Ferendos, as, a esse, *devoir être portés, qu'ils seront portés.*

FUTUR PARFAIT.

S. Ferendum, am, um fuisse, *avoir dû être porté, qu'il eût été porté.*

P. Ferendos, as, a fuisse, *avoir dû être portés, qu'ils eussent été portés.*

PARTICIPES.

PARFAIT ET PLUS-QUE-PARFAIT.

Latus, a, um, *porté, qui a été porté, qui avait été porté.*

FUTUR.

Ferendus, a, um, *devant être porté, qui sera porté.*

50. — VI. VOLO, *je veux.*

INDICATIF.

PRÉSENT.

S. Volo,   je veux.
   Vis,   tu veux.
   Vult,   il veut.
P. Volumus,   nous voulons.
   Vultis,   vous voulez.
   Volunt,   ils veulent.

IMPARFAIT.

S. Volebam,   je voulais.
   Volebas, etc.

PARFAIT.

S. Volui,   j'ai voulu.
   Voluisti, etc.

PLUS-QUE-PARFAIT.

S. Volueram,   j'avais voulu.
   Volueras, etc.

FUTUR.

S. Volam,   je voudrai.
   Voles,   tu voudras.
   Volet,   il voudra.
P. Volemus,   nous voudrons.
   Voletis,   vous voudrez.
   Volent,   ils voudront.

IMPÉRATIF.

PRÉSENT.

Fac Velis, *fais en sorte de vouloir.*

OPTATIF.

PRÉSENT ET IMPARFAIT.

S. Utinam Vellem, *plût à Dieu que je voulusse.*
Velles, *que tu voulusses.*
Vellet, *qu'il voulût.*
P. Utinam Vellemus, *plût à Dieu que nous voulussions.*
Velletis, *que vous voulussiez.*
Vellent, *qu'ils voulussent.*

PARFAIT.

S. Utinam Voluerim, *plaise à Dieu que j'aie voulu.*
Volueris, *etc.*

PLUS-QUE-PARFAIT.

S. Utinam Voluissem, *plût à Dieu que j'eusse voulu.*
Voluisses, *etc,*

FUTUR.

S. Utinam Velim, *plaise à Dieu que je veuille.*
Velis, *que tu veuilles.*
Velit, *qu'il veuille.*
P. Utinam Velimus, *plaise à Dieu que nous veuillons.*
Velitis, *que vous veuillez.*
Velint, *qu'ils veuillent.*

CONJONCTIF.

PRÉSENT.

S. Cum Velim,   *puisque je veux.*
           Velis, etc.

IMPARFAIT.

S. Cum Vellem,   *puisque je voulais.*
           Velles, etc.

PARFAIT.

S. Cum Voluerim,   *puisque j'ai voulu.*
           Volueris, etc.

PLUS-QUE-PARFAIT.

S. Cum Voluissem,   *puisque j'avais voulu.*
           Voluisses, etc.

FUTUR.

S. Cum Voluero,   *quand j'aurai voulu.*
           Volueris, etc.

INFINITIF.

PRÉSENT ET IMPARFAIT.

Velle, *vouloir, qu'il veut, qu'il voulait.*

PARFAIT ET PLUS-QUE-PARFAIT.

Voluisse, *avoir voulu, qu'il a voulu, qu'il avait voulu.*

PARTICIPES.

PRÉSENT ET IMPARFAIT.

Volens, volentis, *voulant, qui veut, qui voulait.* (83).

51. — VII. NOLO, *je ne veux pas.*

INDICATIF.

PRÉSENT.

S. Nolo,   *je ne ne veux pas.*
   Non vis,   *tu ne veux pas.*
   Non vult,   *il ne veut pas.*
P. Nolumus,   *nous ne voulons pas.*
   Non vultis,   *vous ne voulez pas.*
   Nolunt,   *ils ne veulent pas.*

IMPARFAIT.

S. Nolebam,   *je ne voulais pas.*
   Nolebas, etc.

PARFAIT.

S. Nolui,   *je n'ai pas voulu.*
   Noluisti, etc.

PLUS-QUE-PARFAIT.

S. Nolueram,   *je n'avais pas voulu.*
   Nolueras, etc.

FUTUR.

S. Nolam,   *je ne voudrai pas.*
   Noles,   *tu ne voudras pas.*
   Nolet,   *il ne voudra pas.*
P, Nolemus,   *nous ne voudrons pas.*
   Noletis,   *vous ne voudrez pas.*
   Nolent,   *ils ne voudront pas.*

IMPÉRATIF.

PRÉSENT.

S. Noli ou Nolito, ne veuille pas.
   Nolit, qu'il ne veuille pas.
P. Nolimus, ne veuillons pas.
   Nolite ou Nolitote, ne veuillez pas.
   Nolint, qu'il ne veuillent pas.

FUTUR.

S. Nolito tu, ne veuille pas.
   Nolito ille, qu'il ne veuille pas.
P. Nolitote, ne veuillez pas.
   Nolunto, qu'ils ne veuillent pas

OPTATIF.

PRÉSENT ET IMPARFAIT.

S. Utinam Nollem, plût à Dieu que je ne voulusse pas.
   Nolles, que tu ne voulusses pas.
   Nollet, qu'il ne voulût pas.
P. Utinam Nollemus, plût à Dieu que nous ne voulussions pas.
   Nolletis, que vous ne voulussiez pas.
   Nollent, qu'ils ne voulussent pas.

PARFAIT.

S. Utinam Noluerim, plaise à Dieu que je n'aie pas voulu.
   Nolueris, etc.

PLUS-QUE-PARFAIT.

S. Utinam Noluissem, *plût à Dieu que je n'eusse pas voulu.*
Noluisses, etc.

FUTUR.

S. Utinam Nolim, *plaise à Dieu que je ne veuille pas.*
Nolis, *que tu ne veuilles pas.*
Nolit, *qu'il ne veuille pas.*
P. Utinam Nolimus, *plaise à Dieu que nous ne veuillons pas.*
Nolitis, *que vous ne veuillez pas.*
Nolint, *qu'ils ne veuillent pas.*

CONJONCTIF.

PRÉSENT.

S. Cum Nolim, *puisque je ne veux pas.*
Nolis, etc.

IMPARFAIT.

S. Cum Nollem, *puisque je ne voulais pas.*
Nolles, etc.

PARFAIT.

S. Cum Noluerim, *puisque je n'ai pas voulu.*
Nolueris, etc.

PLUS-QUE-PARFAIT

S. Cum Noluissem, *puisque je n'avais pas voulu.*
Noluisses, etc.

DES VERBES IRRÉGULIERS

FUTUR.

S. Cum Noluero, *quand je n'aurai pas voulu.*
Nolueris, etc.

INFINITIF.

PRÉSENT ET IMPARFAIT.

Nolle, *ne vouloir pas, qu'il ne veut pas, qu'il ne voulait pas.*

PARFAIT ET PLUS-QUE-PARFAIT.

Noluisse, *n'avoir pas voulu, qu'il n'a pas voulu, qu'il n'avait pas voulu.*

PARTICIPE.

PRÉSENT ET IMPARFAIT.

Nolens, Nolentis, *ne voulant pas, qui ne veut pas, qui ne voulait pas.* (84).

---

52. — VIII. MALO, *j'aime mieux.*

INDICATIF.

PRÉSENT.

S. Malo,   *j'aime mieux.*
Mavis,   *tu aimes mieux.*
Mavult,   *il aime mieux.*
P. Malumus,   *nous aimons mieux.*
Mavultis,   *vous aimez mieux.*
Malunt,   *ils aiment mieux.*

IMPARFAIT.

S. Malebam,   *j'aimais mieux.*
   Malebas, etc.

PARFAIT.

S. Malui,   *j'ai aimé mieux.*
   Maluisti, etc.

PLUS-QUE-PARFAIT.

S. Malueram,   *j'avais aimé mieux.*
   Malueras, etc.

IMPÉRATIF.

PRÉSENT.

S. Fac Malis, *fais en sorte d'aimer mieux.*

OPTATIF.

PRÉSENT ET IMPARFAIT.

S. Utinam Mallem,   *plût à Dieu que j'aimasse mieux.*
        Malles,   *que tu aimasses mieux*
        Mallet,   *qu'il aimât mieux.*
P. Utinam Mallemus, *plût à Dieu que nous aimassions mieux.*
        Malletis,   *que vous aimassiez mieux.*
        Mallent,   *qu'ils aimassent mieux.*

PARFAIT.

S. Utinam Maluerim, *plaise à Dieu que j'aie aimé mieux.*
        Malueris, etc.

DES VERBES IRRÉGULIERS

PLUS-QUE-PARFAIT.

P. **Utinam Maluissem,** *plût à Dieu que j'eusse aimé mieux*
        Maluisses, etc.

FUTUR.

S. **Utinam Malim,** *plaise à Dieu que j'aime mieux.*
       Malis,   *que tu aimes mieux.*
       Malit,   *qu'il aime mieux.*
P. **Utinam Malimus,** *plaise à Dieu que nous aimions mieux.*
       Malitis,   *que vous aimiez mieux.*
       Malint,   *qu'ils aiment mieux.*

CONJONCTIF.

PRÉSENT.

S. **Cum Malim,**   *puisque j'aime mieux.*
      Malis, etc.

IMPARFAIT.

S. **Cum Mallem,**   *puisque j'aimais mieux.*
      Malles, etc.

PARFAIT.

S. **Cum Maluerim,**   *puisque j'ai aimé mieux.*
      Malueris, etc.

PLUS-QUE-PARFAIT.

S. **Cum Maluissem,** *puisque j'avais aimé mieux*
      Maluisses, etc.

CONJUGAISON

FUTUR.

S. Cum Maluero, *quand j'aurai aimé mieux*
Malueris, etc.

INFINITIF.

PRÉSENT ET IMPARFAIT.

Malle, *aimer mieux, qu'il aime mieux, qu'il aimât mieux,*

PARFAIT ET PLUS-QUE-PARFAIT.

Maluisse, *avoir aimé mieux, qu'il a aimé mieux, qu'il avait aimé mieux.*

---

53. — IX. FIO, *je deviens.*

INDICATIF.

PRÉSENT.

S. Fio,   *je deviens.*
Fis,   *tu deviens.*
Fit,   *il devient.*
P. Fimus,   *nous devenons.*
Fitis,   *vous devenez.*
Fiunt,   *ils deviennent.*

IMPARFAIT.

S. Fiebam,   *je devenais.*
Fiebas, etc.

PARFAIT.

S. Factus, a, um sum *ou* fui, *je suis devenu.*
Factus, a, um es *ou* fuisti, etc.

PLUS-QUE-PARFAIT.

S. Factus, a, um eram *ou* fueram, *j'étais devenu.*
Factus, a, um eras *ou* fueras, etc.

FUTUR.

S. Fiam,   *je deviendrai.*
Fies,   *tu deviendras.*
Fiet,   *il deviendra.*
P. Fiemus,   *nous deviendrons.*
Fietis,   *vous deviendrez.*
Fient,   *ils deviendront.*

IMPÉRATIF.

PRÉSENT.

S. Fac Fias,   *fais en sorte de devenir.*
Fiat,   *qu'il devienne.*
P. Fiamus,   *devenons.*
Fiatis,   *devenez.*
Fiant,   *qu'ils deviennent*

OPTATIF.

PRÉSENT ET IMPARFAIT.

S. Utinam Fierem, *plût à Dieu que je devinsse.*
Fieres,   *que tu devinsses.*
Fieret,   *qu'il devînt.*

CONJUGAISON

P. Utinam Fieremus, *plût à Dieu que nous devinssions.*
   Fieretis,   *que vous devinssiez.*
   Fierent,   *qu'ils devinssent.*

PARFAIT.

S. Utinam Factus, a, um sim *ou* fuerim, *plaise à Dieu que je sois devenu.*
   Factus, a, um sis *ou* fueris, etc.

PLUS-QUE-PARFAIT.

S. Utinam Factus, a, um essem *ou* fuissem, *plût à Dieu que je fusse devenu.*
   Factus, a, um esses *ou* fuisses, etc.

FUTUR.

S. Utinam Fiam, *plaise à Dieu que je devienne.*
   Fias,   *que tu deviennes.*
   Fiat,   *qu'il devienne.*
P. Utinam Fiamus, *plaise à Dieu que nous devenions.*
   Fiatis,   *que vous deveniez.*
   Fiant,   *qu'ils deviennent.*

CONJONCTIF.

PRÉSENT.

S. Cum Fiam,   *puisque je deviens.*
   Fias, etc.

IMPARFAIT.

S. Cum Fierem,   *puisque je devenais.*
   Fieres, etc.

PARFAIT.

S. Cum Factus, a, um sim *ou* fuerim, *puisque je suis devenu.*

Factus, a, um sis *ou* fueris, etc.

PLUS-QUE-PARFAIT.

S. Cum Factus, a, um essem *ou* fuissem, *puisque j'étais devenu.*

Factus a, um esses *ou* fuisses, etc.

FUTUR.

S. Cum Factus, a, um ero *ou* fuero, *quand je serai devenu.*

Factus, a, um eris *ou* fueris, etc.

INFINITIF.

PRÉSENT ET IMPARFAIT.

Fieri, *devenir, qu'il devient, qu'il devenait.*

PARFAIT ET PLUS-QUE-PARFAIT.

S. Factum, am, um esse *ou* fuisse, *être devenu, qu'il est devenu, qu'il était devenu.*

P. Factos, as, a esse *ou* fuisse, *être devenus, qu'ils sont devenus, qu'ils étaient devenus.*

FUTUR.

S. Factum iri *ou* Faciendum, am, um esse, *devoir devenir, qu'il deviendra.*

P.   Factum iri *ou* Faciendos, as, a esse, *devoir devenir, qu'ils deviendront.*

FUTUR PARFAIT.

S.   Faciendum, am, um fuisse, *avoir dû devenir, qu'il fût devenu.*

P.   Faciendos, as, a fuisse, *avoir dû devenir, qu'ils fussent devenus.*

PARTICIPES.

PARFAIT ET PLUS-QUE-PARFAIT.

Factus, a, um, *devenu, qui est devenu, qui était devenu.*

FUTUR.

Faciendus, a, um, *devant devenir, qui deviendra.*

54. — Le verbe *fio* sert de passif au verbe *facio, facis, feci, factum, facere,* faire.

Parmi les composés de *facio*, les uns conservent la voyelle A, les autres changent A en I.

Les composés de *facio* qui conservent A, changent *facio* en *fio* à la voix passive, et se conjuguent comme *fio*. Ainsi : Cale facio, *échauffer*, fait au passif Cale fio, *devenir chaud ;* Lique facio, *liquéfier, fondre,* fait Lique fio, *se liquéfier.*

Les composés de *facio* qui changent A en I, comme *ef ficio, effectuer*, forment régulièrement tous les temps de la voix passive. Ainsi *ef ficio* fait au passif *ef ficior, ef ficeris, ef fectus sum, ef fici; per ficio,* achever, fait *per ficior, per ficeris, per fectus sum, per fici;* etc. (88)

55. — X. EO, *je vais.*

INDICATIF.

PRÉSENT.

S. Eo,   *je vais*
   Is,   *tu vas.*
   It,   *il va.*
P. Imus,   *nous allons.*
   Itis,   *vous allez.*
   Eunt,   *ils vont.*

IMPARFAIT.

S. Ibam,   *j'allais*
   Ibas, etc.

PARFAIT.

S. Ivi,   *je suis allé.*
   Ivisti,   *tu es allé.*
   Ivit,   *il est allé.*
P. Ivimus,   *nous sommes allés.*
   Ivistis,   *vous êtes allés.*
   Iverunt *ou* Ivere,   *ils sont allés.*

PLUS-QUE-PARFAIT.

S. Iveram,   *j'étais allé.*
   Iveras, etc.

FUTUR.

S. Ibo,   *j'irai.*
   Ibis,   *tu iras.*
   Ibit,   *il ira.*

P. Ibimus, nous irons.
Ibitis, vous irez.
Ibunt, ils iront.

IMPÉRATIF.

PRÉSENT.

S. I *ou* ito, va.
Eat, qu'il aille.
P. Eamus, allons.
Ite *ou* itote, allez.
Eant, qu'ils aillent.

FUTUR.

S. Ito tu, va.
Ito ille, qu'il aille.
P. Itote, allez.
Eunto, qu'ils aillent.

OPTATIF.

PRÉSENT ET IMPARFAIT.

S. Utinam Irem, plût à Dieu que j'allasse.
Ires, que tu allasses.
Iret, qu'il allât.
P. Utinam Iremus, plût à Dieu que nous allassions.
Iretis, que vous allassiez.
Irent, qu'ils allassent.

PARFAIT.

S. Utinam Iverim, plaise à Dieu que je sois allé.
Iveris, etc.

DES VERBES IRRÉGULIERS

PLUS-QUE-PARFAIT.

P. Utinam Ivissem, *plût à Dieu que je fusse allé.*
Ivisses, etc.

FUTUR.

S. Utinam Eam, *plaise à Dieu que j'aille.*
Eas, *que tu ailles.*
Eat, *qu'il aille.*
P. Utinam Eamus, *plaise à Dieu que nous allions*
Eatis, *que vous alliez.*
Eant, *qu'ils aillent.*

CONJONCTIF.

PRÉSENT.

S. Cum Eam, *puisque je vais.*
Eas, etc.

IMPARFAIT.

S. Cum Irem, *puisque j'allais.*
Ires, etc.

PARFAIT.

S. Cum Iverim, *puisque je suis allé.*
Iveris, etc.

PARFAIT ET PLUS-QUE-PARFAIT.

S. Cum Ivissem, *puisque j'étais allé.*
Ivisses, etc.

FUTUR.

S. Cum Ivero, *quand je serai allé.*
Iveris, etc.

INFINITIF.

PRÉSENT ET IMPARFAIT.

Ire, *aller, qu'il va, qu'il allait.*

PARFAIT ET PLUS-QUE-PARFAIT.

Ivisse, *être allé, qu'il est allé, qu'il était allé.*

FUTUR.

S. Iturum, am, um esse, *devoir aller, qu'il ira.*
P. Ituros, as, a esse, *devoir aller, qu'ils iront.*

FUTUR PASSÉ.

S. Iturum, am, um fuisse, *avoir dû aller, qu'il fût allé.*
P. Ituros, as, a fuisse, *avoir dû aller, qu'ils fussent allés.*

GÉRONDIFS.

Eundi,   *d'aller.*
Eundo,   *en allant.*
Eundum,   *pour aller.*

SUPINS.

Itum,   *aller.*
Itu,   *à aller.*

PARTICIPES.

PRÉSENT ET IMPARFAIT.

Iens, euntis, *allant, qui va, qui allait.*

FUTUR.

Iturus, a, um, *devant aller, qui ira.* (90.)

DES VERBES DÉFECTIFS

56. — Les composés du verbe *eo* se conjuguent comme lui; ils ont le parfait de l'indicatif en *ii* aussi bien qu'en *ivi*. Tels sont :

Ab eo, is, ivi *ou* ii, itum, ire, *neut., s'en aller.*
Ad eo, is, ivi *ou* ii, itum, ire, *act., aller vers.*
Ex eo, is, ivi *ou* ii, itum, ire, *neut., sortir.*
In eo, is, ivi *ou* ii, itum, ire, *act., aller dans.*

Les verbes queo, *je puis*, et nequeo, *je ne puis pas*, se conjuguent sur *eo*. Ils ne paraissent pas usités aux gérondifs et aux participes.

CONJUGAISON
DES VERBES DÉFECTIFS.

57. — Les verbes défectifs sont ceux à qui il manque ou des modes, ou des temps, ou des personnes.

I. NOVI, *je connais ou j'ai connu.*

INDICATIF.
PRÉSENT ET PARFAIT.

S. Novi, *je connais ou j'ai connu.*
Novisti, *tu connais ou tu as connu.*
Novit, *il connaît ou il a connu.*
P. Novimus, *nous connaissons ou nous avons connu.*
Novistis, *vous connaissez ou vous avez connu.*
Noverunt *ou* novere, *ils connaissent ou ils ont connu.*

IMPARFAIT ET PLUS-QUE-PARFAIT.

S. Noveram, *je connaissais* ou *j'avais connu.*

Noveras, *tu connaissais* ou *tu avais connu.*

Noverat, *il connaissait* ou *il avait connu.*

P. Noveramus, *nous connaissions* ou *nous avions connu.*

Noveratis, *vous connaissiez* ou *vous aviez connu.*

Noverant, *ils connaissaient* ou *ils avaient connu.*

IMPÉRATIF.

PRÉSENT.

S. Noveris, *que tu connaisses.*
Noverit, *qu'il connaisse.*
P. Noverimus, *que nous connaissions.*
Noveritis, *que vous connaissiez.*
Noverint, *qu'ils connaissent.*

OPTATIF.

PRÉSENT ET PARFAIT.

S. Utinam Noverim, *plaise à Dieu que je connaisse* ou *que j'aie connu.*

Noveris, *que tu connaisses* ou *que tu aies connu.*

Noverit, *qu'il connaisse* ou *qu'il ait connu.*

P. Utinam Noverimus, *plaise à Dieu que nous connaissions ou que nous ayons connu.*

Noveritis, *que vous connaissiez ou que vous ayez connu.*

Noverint, *qu'ils connaissent ou qu'ils aient connu.*

IMPARFAIT ET PLUS-QUE-PARFAIT.

S. Utinam Novissem, *plût à Dieu que je connusse ou que j'eusse connu.*

Novisses, *que tu connusses ou que tu eusses connu.*

Novisset, *qu'il connût ou qu'il eût connu.*

P. Utinam Novissemus, *plût à Dieu que nous connussions ou que nous eussions connu.*

Novissetis, *que vous connussiez ou que vous eussiez connu.*

Novissent, *qu'ils connussent ou qu'ils eussent connu.*

CONJONCTIF.

PRÉSENT ET PARFAIT.

S. Cum Noverim, *puisque je connais ou j'ai connu.*

Noveris, *puisque tu connais ou tu as connu.*

Noverit, *puisqu'il connaît ou il a connu*

P. Cum Noverimus, *puisque nous connaissons ou nous avons connu.*

Noveritis, *puisque vous connaissez* ou
vous avez connu,
Noverint, *puisqu'ils connaissent* ou *ils
ont connu.*

IMPARFAIT ET PLUS-QUE-PARFAIT.

S. Cum Novissem, *puisque je connaissais* ou
j'avais connu.
Novisses, *puisque tu connaissais* ou *tu
avais connu.*
Novisset, *puisqu'il connaissait* ou *il
avait connu.*
P. Cum Novissemus, *puisque nous connaissions
ou nous avions connu.*
Novissetis, *puisque vous connaissiez* ou
vous aviez connu.
Novissent, *puisqu'ils connaissaient* ou
ils avaient connu.

FUTUR.

S. Cum Novero, *quand j'aurai connu.*
Noveris, *quand tu auras connu.*
Noverit, *quand il aura connu.*
P. Cum Noverimus, *quand nous aurons connu.*
Noveritis, *quand vous aurez connu.*
Noverint, *quand ils auront connu.*

INFINITIF.

PRÉSENT ET PARFAIT.

Novisse, *connaître* ou *avoir connu, qu'il connaît, qu'il a connu.* (94).

DES VERBES DÉFECTIFS

58. — Sur NOVI se conjuguent ODI, odisse, *je hais*, et MEMINI, meminisse, *je me souviens*. Tous deux ont au parfait le sens du présent, et au plus-que-parfait, celui de l'imparfait.

Memini fait aussi au présent de l'impératif Memento, *souviens toi*, et Mementote, *souvenez-vous*,

ODI fait au participe futur Osurus, *devant haïr, qui haïra*. Le parfait Osus sum, *j'ai haï*, qui ne se trouve que rarement chez les plus anciens auteurs, a servi à former les participes composés Exosus *et* Perosus, *haïssant, qui hait*,

---

59. II. — CŒPI, *j'ai commencé.*

INDICATIF.

PARFAIT.

S. Cœpi,   *j'ai commencé.*
   Cœpisti,   *tu as commencé.*
   Cœpit,   *il a commencé.*
P. Cœpimus,   *nous avons commencé.*
   Cœpistis,   *vous avez commencé.*
   Cœperunt ou Cœpere,   *ils ont commencé.*

PLUS-QUE-PARFAIT.

S. Cœperam,   *j'avais commencé.*
   Cœperas,   *tu avais commencé.*
   Cœperat,   *il avait commencé.*
P. Cœperamus,   *nous avions commencé*
   Cœperatis,   *vous aviez commencé.*
   Cœperant,   *ils avaient commencé.*

IMPÉRATIF.

S. Cœperis,   *que tu aies commencé.*
Cœperit,   *qu'il ait commencé.*
P. Cœperimus,   *que nous ayons commencé.*
Cœperitis,   *que vous ayez commencé.*
Cœperint,   *qu'ils aient commencé.*

OPTATIF.

PARFAIT.

S. Utinam Cœperim,   *plaise à Dieu que j'aie commencé.*
Cœperis,   *que tu aies commencé.*
Cœperit,   *qu'il ait commencé.*
P. Utinam Cœperimus,   *plaise à Dieu que nous ayons commencé.*
Cœperitis,   *que vous ayez commencé.*
Cœperint,   *qu'ils aient commencé.*

PLUS-QUE-PARFAIT.

S. Utinam Cœpissem,   *plût à Dieu que j'eusse commencé.*
Cœpisses,   *que tu eusses commencé.*
Cœpisset,   *qu'il eût commencé.*
P. Utinam Cœpissemus,   *plût à Dieu que nous eussions commencé.*
Cœpissetis,   *que vous eussiez commencé.*
Cœpissent,   *qu'ils eussent commencé.*

CONJONCTIF.

PARFAIT.

S. Cum Cœperim, *puisque j'ai commencé.*
Cœperis, *puisque tu as commencé.*
Cœperit, *puisqu'il a commencé.*
P. Cum Cœperimus, *puisque nous avons commencé.*
Cœperitis, *puisque vous avez commencé.*
Cœperint, *puisqu'ils ont commencé.*

PLUS-QUE-PARFAIT.

S. Cum Cœpissem, *puisque j'avais commencé.*
Cœpisses, *puisque tu avais commencé.*
Cœpisset, *puisqu'il avait commencé.*
P. Cum Cœpissemus, *puisque nous avions commencé.*
Cœpissetis, *puisque vous aviez com-commencé.*
Cœpissent, *puisqu'ils avaient commencé.*

FUTUR.

S. Cum Cœpero, *quand j'aurai commencé.*
Cœperis, *quand tu auras commencé.*
Cœperit, *quand il aura commencé.*
P. Cum Cœperimus, *quand nous aurons commencé.*
Cœperitis, *quand vous aurez commencé.*
Cœperint, *quand ils auront commencé.*

INFINITIF.

PARFAIT ET PLUS-QUE-PARFAIT.

Cœpisse, *avoir commencé, qu'il a commencé, qu'il avait commencé.*

FUTUR.

S. Cœpturum, am, um esse, *devoir commencer, qu'il commencera.*

P. Cœpturos, as, a esse, *devoir commencer, qu'ils commenceront.*

PARFAIT.

S. Cœpturum, am, um fuisse, *avoir dû commencer, qu'il eût commencé.*

P. Cœpturos, as, a fuisse, *avoir dû commencer, qu'ils eussent commencé.*

SUPINS.

Cœptum,   *commencer.*
Cœptu,   *à commencer.*

PARTICIPE.

FUTUR.

Cœpturus, a, um, *devant commencer, qui commencera* (95).

60. — Le verbe *cœpi* s'emploie à la voix passive aux mêmes temps qu'à la voix active.

Ainsi l'on a au parfait de l'indicatif : cœptus, a, um, sum *ou* fui, *je suis commencé*, et au plus-que-parfait : cœptus, a, um, eram *ou* fueram, *j'étais commencé*.

Le verbe *cœpi* se construit élégamment avec un infinitif passif : Regina cœpta est coli, *la reine commença à être honorée;* Pons institui cœptus est, *on commença le pont*.

DES VERBES DÉFECTIFS

61. — III. EDO, *je mange.*

Ce verbe et ses composés suivent entièrement la 3e conjugaison; mais outre ces formes, ils possèdent encore les suivantes :

INDICATIF.
PRÉSENT.

S.	Edo,	*je mange.*
	Es,	*tu manges.*
	Est,	*il mange.*
P.	Estis,	*vous mangez.*

IMPÉRATIF.
PRÉSENT.

S.	Es,	*mange.*
P.	Este,	*mangez.*

FUTUR.

S.	Esto,	*mange.*
P.	Estote,	*mangez.*

OPTATIF.
PRÉSENT ET IMPARFAIT.

S.	Utinam Essem,	*plût à Dieu que je mangeasse*
	Esses,	*que tu mangeasses.*
	Esset,	*qu'il mangeât.*
P.	Utinam Essemus,	*plût à Dieu que nous mangeassions.*
	Essetis,	*que vous mangeassiez.*
	Essent,	*qu'ils mangeassent.*

CONJONCTIF.

IMPARFAIT.

S. Cum Essem,   *puisque je mangeais.*
         Esses,   *puisque tu mangeais.*
         Esset,   *puisqu'il mangeait.*
P. Cum Essemus, *puisque nous mangions.*
         Essetis, *puisque vous mangiez.*
         Essent, *puisqu'ils mangeaient.*

INFINITIF.

PRÉSENT ET IMPARFAIT.

Esse, *manger, qu'il mange, qu'il mangeait* (86).

62. — *Remarque :* On trouve Editur *ou* Estur, *il est mangé, on mange* Exest et Exesse pour Exedit et Exedere, *manger, ronger;* Ambest pour Ambedit, de Ambedere, *ronger autour, dévorer.* — Comedo, *manger,* se conjugue comme *edo* dont il est composé.

---

63. — INQUAM, *dis-je.*

INDICATIF.

PRÉSENT.

S. Inquam,   *dis-je.*
    Inquis,   *dis-tu.*
    Inquit,   *dit-il.*
P. Inquimus, *disons-nous.*
    Inquiunt, *disent-ils.*

DES VERBES DÉFECTIFS

IMPARFAIT.

S. Inquiebat,   *disait-il.*

PARFAIT.

S. Inquisti,   *as-tu dit.*

FUTUR.

S. Inquies,   *diras-tu.*
   Inquiet,   *dira-t-il.*

IMPÉRATIF.

PRÉSENT.

S. Inque *ou* Inquito,   *dis.*

PARTICIPE.

PRÉSENT ET IMPARFAIT.

Inquiens, Inquientis, *disant, qui dit, qui disait* (86).

---

64. — AIO, *je dis.*

INDICATIF.

PRÉSENT.

S. Aio,   *je dis.*
   Ais,   *tu dis.*
   Ait,   *il dit.*
P. Aiunt,   *ils disent.*

IMPARFAIT.

S. Aiebam,   *je disais.*
   Aiebas,   *tu disais.*
   Aiebat,   *il disait.*

P. Aiebamus,   *nous disions.*
Aiebatis,   *vous disiez.*
Aiebant,   *ils disaient.*

IMPÉRATIF.

PRÉSENT.

S. Ai,   *dis.*

OPTATIF.

FUTUR.

S. Utinam Aias,   *plaise à Dieu que tu dises*
Aiat,   *qu'il dise.*

CONJONCTIF.

PRÉSENT.

S. Cum Aias,   *puisque tu dis*
Cum Aiat,   *puisqu'il dit.*

PARTICIPE.

PRÉSENT ET IMPARFAIT.

Aiens, Aientis, *disant, qui dit, qui disait.*

APPENDICE.

Verbes défectifs moins usités.

65. — I. Forem, fores, foret, forent, s'emploient souvent pour essem, esses, esset, essent, *plût au ciel que je fusse!*, etc.

Fore, indéclinable, s'emploie de même pour futurum esse, *devoir être*.

II. Faxo se trouve pour le futur de l'indicatif faciam, *je ferai*, de facio, *faire*.
Faxim, faxis, faxit, faxitis, faxint, remplacent dans certaines locutions, le parfait du conjonctif du même verbe facio : fecerim, feceris, etc., *que j'aie fait*, etc. : faxint dii! *fassent les dieux!*

III. Quæso, *je vous prie*, quæsumus, *nous vous prions*, sont les seules formes usitées du verbe quæso.

IV. Avere a deux significations.
1o Dans le sens de *désirer ardemment*, aveo a plusieurs temps et toutes les personnes.
2o Dans le sens de *être salué, se bien porter*, aveo ne s'emploie qu'à la 2e personne du singulier et du pluriel du présent de l'impératif et au présent de l'infinitif : ave ou aveto, avete, *sois salué, soyez salué; bonjour, salut, adieu, portez-vous bien;* avere, *être salué.*

V. Salvere, *être en bonne santé*, n'est employé

qu'à la 2e personne du singulier et du pluriel du présent de l'impératif et au présent de l'infinitif : SALVE ou SALVETO, SALVETE, *porte-toi bien, portez-vous bien ; salut, bonjour ;* SALVERE, *se bien porter, recevoir des salutations.*

VI. CEDO, *dis, donne, dites-moi*, est la 2e personne du présent de l'impératif d'un ancien verbe inusité. Il a le sens de *da* ou *dic*.

VII. INFIT, *il commence*, et quelquefois *il commence à parler*, est la 3e personne du singulier du présent de l'indicatif du verbe inusité INFIO ; il s'emploie pour INCIPIT, *il commence*, ou pour INQUIT, *dit-il*.

VIII. OVAT, *il triomphe, il est joyeux*, est la 3e personne du singulier du présent de l'indicatif du verbe inusité OVARE, *triompher par ovation*.

Le participe présent OVANS, OVANTIS, s'emploie fréquemment dans le sens de *triomphant, joyeux, fier*.

IX. DEFIERI, *manquer*, ne se trouve qu'au présent de l'infinitif et à la 3e personne du singulier du présent de l'indicatif DEFIT, *il manque*.

CONJUGAISONS

DES VERBES IMPERSONNELS.

66. — Les verbes impersonnels sont ceux qui n'ont que la troisième personne du singulier.

OPORTET, *il faut*.

INDICATIF.

PRÉSENT.

Oportet, *il faut.*

IMPARFAIT.

Oportebat, *il fallait.*

PARFAIT.

Oportuit, *il a fallu.*

PLUS-QUE-PARFAIT.

Oportuerat, *il avait fallu.*

FUTUR.

Oportebit, *il faudra.*

IMPÉRATIF.

PRÉSENT.

Oporteat, *qu'il faille.*

OPTATIF.

PRÉSENT ET IMPARFAIT.

Utinam Oporteret, *plût à Dieu qu'il fallût.*

PARFAIT.

Utinam Oportuerit, *plaise à Dieu qu'il ait fallu.*

PLUS-QUE-PARFAIT.

Utinam Oportuisset, *plût à Dieu qu'il eût fallu.*

FUTUR.

Utinam Oporteat, *plaise à Dieu qu'il faille.*

CONJONCTIF.

PRÉSENT.

Cum Oporteat, *puisqu'il faut.*

IMPARFAIT.

Cum Oporteret, *puisqu'il fallait.*

PARFAIT.

Cum Oportuerit, *puisqu'il a fallu.*

PLUS-QUE-PARFAIT.

Cum Oportuisset, *puisqu'il avait fallu.*

FUTUR.

Cum Oportuerit, *quand il aura fallu.*

INFINITIF.

PRÉSENT ET IMPARFAIT.

Oportere, *falloir, qu'il faut, qu'il fallait.*

PARFAIT.

Oportuisse, *avoir fallu, qu'il a fallu, qu'il avait fallu.*

67. — ME PŒNITET, *je me repens.*

Ce Verbe se construit dans tous ses temps avec les pronoms *me, te, illum, illam, nos, vos, illos, illas,* ou un nom à l'accusatif.

INDICATIF.

PRÉSENT.

S. Me Pœnitet, *je me repens.*
Te Pœnitet, *tu te repens.*
Illum Pœnitet, *il se repent.*
P. Nos Pœnitet, *nous nous repentons.*
Vos Pœnitet, *vous vous repentez.*
Illos Pœnitet, *ils se repentent.*

IMPARFAIT.

Me Pœnitebat, *je me repentais,* etc.

PARFAIT.

Me Pœnituit, *je me suis repenti,* etc.

PLUS-QUE-PARFAIT.

Me Pœnituerat, *je m'étais repenti,* etc.

FUTUR.

Me Pœnitebit, *je me repentirai,* etc.

IMPÉRATIF

PRÉSENT

Te Pœniteat, *repens-toi,* etc.

OPTATIF.

PRÉSENT ET IMPARFAIT.

Utinam Me Pœniteret, *plût à Dieu que je me repentisse*, etc.

PARFAIT.

Utinam Me Pœnituerit, *plaise à Dieu que je me sois repenti*, etc.

PLUS-QUE-PARFAIT.

Utinam Me Pœnituisset, *plût à Dieu que je me fusse repenti*, etc.

FUTUR.

Utinam Me Pœniteat, *plaise à Dieu que je me repente*, etc.

CONJONCTIF.

PRÉSENT.

Cum Me Pœniteat, *puisque je me repens*, etc.

IMPARFAIT.

Cum Me Pœniteret, *puisque je me repentais*, etc.

PARFAIT.

Cum Me Pœnituerit, *puisque je me suis repenti*, etc.

PLUS-QUE-PARFAIT.

Cum Me Pœnituisset, *puisque je m'étais repenti*, etc.

FUTUR.

Cum Me Pœnituerit, *quand je me serai repenti,* etc.

INFINITIF.

PRÉSENT ET IMPARFAIT.

Pœnitere, *se repentir.*

PARFAIT ET PLUS-QUE-PARFAIT.

Pœnituisse, *s'être repenti.*

PARTICIPE.

PRÉSENT.

Pœnitens, pœnitentis, *se repentant.*

GÉRONDIFS.

Pœnitendi, *de se repentir.*
Pœnitendo, *en se repentant.*
Pœnitendum, *pour se repentir.* (98)

CONJUGUEZ DE MÊME :

Me Piget, uit, *je suis peiné.*
Me Pudet, uit, *j'ai honte.*
Me Miseret, uit, *j'ai pitié.*
Me Delectat, avit, *je me plais à.*
Me Juvat, it, *je me réjouis.*
Me Latet, uit, *j'ignore.*
Me Fallit, Fefellit, *j'ignore.*
Me Fugit, it, *j'oublie.*
Me Prœterit, iit, ire, *je perds de vue* (sur *ire*).

NOTA. Voir pour les formes irrégulières de quelques-uns de ces verbes, la liste complète des verbes irréguliers page 279.

68. — PUGNATUR, *on combat.*

INDICATIF.

PRÉSENT.

Pugnatur, *on combat.*

IMPARFAIT.

Pugnabatur, *on combattait*

PARFAIT.

Pugnatum est *ou* fuit, *on a combattu.*

PLUS-QUE-PARFAIT.

Pugnatum erat *ou* fuerat, *on avait combattu.*

FUTUR.

Pugnabitur, *on combattra.*

IMPÉRATIF.

PRÉSENT.

Pugnetur, *qu'on combatte.*

OPTATIF.

PRÉSENT ET IMPARFAIT.

Utinam Pugnaretur, *plût à Dieu qu'on combattît.*

PARFAIT.

Utinam Pugnatum sit *ou* fuerit, *plaise à Dieu qu'on ait combattu.*

PLUS-QUE-PARFAIT.

Utinam Pugnatum esset *ou* fuisset, *plût à Dieu qu'on eût combattu.*

FUTUR.

Utinam Pugnetur, *plaise à Dieu qu'on combatte.*

CONJONCTIF.

PRÉSENT.

Cum Pugnetur, *puisqu'on combat.*

IMPARFAIT.

Cum Pugnaretur, *puisqu'on combattait.*

PARFAIT.

Cum Pugnatum sit *ou* fuerit, *puisqu'on a combattu.*

PLUS-QUE-PARFAIT

Cum Pugnatum esset *ou* fuisset, *puisqu'on avait combattu.*

FUTUR.

Cum Pugnatum erit *ou* fuerit, *quand on aura combattu.*

INFINITIF.

PRÉSENT ET IMPARFAIT.

Pugnari, *être combattu, qu'on combatte, qu'on combattait.*

PARFAIT ET PLUS-QUE-PARFAIT.

Pugnatum esse *ou* fuisse, *qu'on a combattu, qu'on avait combattu.*

FUTUR.

Pugnatum iri, *qu'on combattra.* (99.)

69. — 1re REMARQUE : Les verbes actifs peuvent tous s'employer impersonnellement à la 3e personne du singulier de la voix passive. C'est ainsi que :

DICO, *dire*, donne DICITUR, DICTUM EST, etc., *on dit;* NARRO, *raconter*, forme NARRATUR, NARRATUM EST, etc., *on raconte.*

2e REMARQUE : Beaucoup de verbes neutres s'emploient aussi impersonnellement, et alors seulement ils peuvent avoir quelques formes de la voix passive :

EO, *aller*, ITUR, ITUM EST, etc., *on va.*
VENIO, *venir*, VENITUR, VENTUM EST, etc., *on vient.*
SERVIO, *être esclave*, SERVITUR, SERVITUM EST, etc., *on est esclave.*

3e REMARQUE : Les verbes *impersonnels passifs* se rendent ordinairement en français par le pronom indéfini *on :* VIVITUR PARVO BENE, *on vit heureux de peu.*

CHAPITRE CINQUIÈME

DU PARTICIPE.

70. — Le *Participe* est un mot qui tient tout à la fois du verbe et de l'adjectif; du verbe en ce qu'il en a la signification et les temps; de l'adjectif en ce qu'il qualifie comme lui les noms auxquels il est joint et qu'il est susceptible de genre, de nombre et de cas.

Il y a trois participes : le Participe *présent*, le Participe *passé* et le Participe *futur*. (117).

I. — Participe présent.

71. — Le Participe *présent* est terminé en *ans* ou *ens* : Amans, *aimant*, Legens, *lisant*. Il se décline sur *Felix*.

Les verbes qui ont le Participe *présent* sont : Les verbes *actifs*, les verbes *neutres*, les verbes *communs* et les verbes *déponents*.

Les verbes qui ne l'ont pas, sont : Les verbes *passifs*, les verbes *impersonnels*, Oportet, Piget, etc., et les verbes qui n'ont pas l'imparfait de l'indicatif tels que, odi, novi, memini, cœpi, etc.

II. — Participe passé.

72. — Le Participe *passé* a trois terminaisons : *tus, sus, xus* : Amatus, *aimé*, Mensus, *mesuré*,

Fixus, *attaché*. Un seul a la terminaison *uus*, Mortuus, *mort*, de Morior. Il se décline comme *bonus a, um*.

Les verbes passifs, communs et déponents ont le participe *passé*; les verbes actifs et neutres ne l'ont pas.

On trouve cependant quelques participes passés formés de verbes neutres tels que :

Evigilatus, *fait à force de veilles*, de evigilo, *je m'éveille*.
Properatus, *fait à la hâte*, de propero, *je me hâte*.
Erratus, *où l'on a erré*, de erro, *j'erre*.
Pugnatus, *combattu*, de pugno, *je combats*.
Laboratus, *travaillé avec soin*, de laboro, *je travaille*.
Cessatus, *laissé en repos*, de cesso, *je cesse*. etc.

III. — Participe futur.

73. — Il y a deux participes *futurs*; le Participe *futur actif* et le Participe *futur passif*. Le premier se forme du supin en changeant *um* en *urus* : Amatum, Amaturus, a, um. Le second se forme du gérondif en *di*, en changeant *di* en *dus, da, dum*. Ils se déclinent tous deux sur *bonus, a, um*. Tous les verbes, excepté les verbes passifs, et ceux des autres classes qui n'ont pas de supin, ont le participe futur actif. Amaturus, *devant aimer,* serviturus, *devant servir*, populaturus, *devant ravager*, usurus, *devant se servir*.

Les verbes passifs, les verbes communs et les verbes déponents, qui gouvernent l'accusatif, ont le participe futur passif : Amandus, *devant être aimé*, venerandus, *devant être vénéré*, sequendus, *devant être suivi.*

1ʳᵉ REMARQUE : Les verbes de la 1ʳᵉ conjugaison qui n'ont pas le supin en *atum*, mais en *itum* ou *etum*, ne forment point leur participe futur de ce supin, mais du supin qu'ils devraient avoir régulièrement. Ainsi, le verbe Sonare, *rendre un son*, qui a pour supin *Sonitum*, fait au participe futur *sonaturus* et non *soniturus*. De même Fricare, *frotter*, secare, *couper* qui ont pour supin *frictum*, *sectum*, font au participe futur *fricaturus*, *secaturus*. Cependant Domo, *je dompte*, fait *domitum*, *domiturus*. Orior fait *oriturus*, Morior fait *moriturus*, Nascor fait *nasciturus*. (121).

2ᵉ REMARQUE : Les verbes qui manquent de supin manquent par là même des temps qui en sont formés, savoir, du Participe futur actif en *rus*, du Participe passé passif et de tous les temps composés de la voix passive. Tels sont Ambigo, *j'hésite*, Congruo, *je m'accorde avec*, etc.

Lecturus sum.

74. — Le Participe *futur actif* représente l'action comme étant sur le point de se faire, et par suite il exprime *l'intention, la volonté* et quelquefois *l'obligation* de faire l'action.

Ex. — LECTURUS SUM, signifie :

Je vais lire, ou *je suis sur le point de lire, j'ai l'intention de lire,* ou *je veux lire,* enfin, *je lirai,* ou *je dois lire.*

Non huc te accusaturus, sed defensurus veni :

Je suis venu ici, non pour vous accuser mais pour vous défendre, c'est-à-dire, *non avec la volonté, l'intention,* mais, etc.

Ce participe forme avec les temps du verbe *esse* une conjugaison, appelée *conjugaison composée*.

75. — INDICATIF.

PRÉSENT.

Lecturus sum, *je vais lire, je suis sur le point de lire*, etc.

IMPARFAIT.

Lecturus eram, *j'allais lire*, etc.

CONJONCTIF.

PRÉSENT.

Cum Lecturus sim, *puisque je suis sur le point de lire*, etc.

IMPARFAIT.

Cum Lecturus essem, *puisque j'étais sur le point de lire*, etc.

REMARQUE : Cette locution *être sur le point de* se traduit aussi par *in eo esse ut* avec le subj. *Miltiade était sur le point de prendre la ville* : Miltiades jam in eo erat ut urbe potiretur.

Monendus sum.

76. — Le Participe *futur passif*, exprime ce qui doit se faire, soit par nécessité, soit par obligation.

Ex. MONENDUS SUM, signifie :

Je dois être averti, on doit m'avertir, il faut qu'on m'avertisse, etc.

Ce participe forme également avec les temps du verbe *sum* une conjugaison *composée* :

PARTICIPES

INDICATIF.

PRÉSENT.

Monendus sum, *je dois être averti, on doit m'avertir*, etc.

IMPARFAIT.

Monendus eram, *je devais être averti*, etc.

PARFAIT.

Monendus fui, *j'ai dû être averti*, etc.

CONJONCTIF.

PRÉSENT.

Cum Monendus sim, *puisque je dois être averti*, etc.

IMPARFAIT.

Cum Monendus essem, etc.

Studendum est litteris.

77. — Le Participe futur en *dum* des verbes neutres est indéclinable; il sert à former, comme nominatif ou accusatif singulier, une conjugaison composée, avec les temps du verbe *esse*, pris impersonnellement. Cette conjugaison exprime l'obligation de faire une chose.

INDICATIF.

PRÉSENT

Studendum est litteris, *on doit, il faut étudier les lettres.*

IMPARFAIT. Studendum erat ⎫
PARFAIT. Studendum fuit ⎬ Litteris, etc.

INFINITIF.

Puto studendum esse litteris, *je pense qu'il faut étudier les lettres.*

REMARQUE : Tous les participes en *dum* peuvent former cette conjugaison, à quelque classe de verbes qu'ils appartiennent, pourvu qu'ils soient pris absolument.

        Legendum est,   *il faut lire.*
        Verendum est,   *il faut craindre.*
        Loquendum est, *il faut parler.*

Si un verbe a un régime direct, il faut alors employer la conjugaison personnelle : Ainsi, on ne peut pas rendre cette phrase ; *Il faut lire ces livres*, par *Legendum est hos libros*, mais par *Legendi sunt hi libri; ces livres doivent être lus.*

78 — Si au participe futur en *dum*, on ajoute les pronoms *mihi, tibi, sibi, nobis, vobis*, la conjugaison équivaut à une conjugaison personnelle; mais pour éviter toute équivoque, il faut que le participe en *dum* n'ait pas d'autre régime personnel au datif.

Loquendum es
{
  Mihi,   *je dois parler.*
  Tibi,   *tu dois parler.*
  Sibi,   *il doit parler,* etc,
  Nobis,
  Vobis,
  Sibi,
}

Mais on ne pourrait pas dire, *Mihi favendum est tibi*, à cause de l'équivoque qui résulte des deux pronoms personnels au datif.

CHAPITRE SIXIÈME.

PRÉPOSITION.

79. — La *Préposition* est une partie du discours invariable, placée ordinairement devant un autre mot.

De là son nom de *Préposition* (*præ-positus*, placé devant).

Il y a des prépositions *séparables* et *inséparables*.

On appelle prépositions *séparables*, celles qui tantôt s'unissent au mot devant lequel elles sont placées, tantôt s'en séparent.

Ainsi ad *vers, à*, s'unit au mot dans Adjungo, *ajouter à*, et se trouve séparé dans : Eo ad patrem, *je vais chez mon père*.

On appelle prépositions *inséparables*, celles qui, n'ayant aucun sens par elles-mêmes, se trouvent unies à d'autres mots, comme *di*, dans Diduco, *conduire en divers endroits*.

I. Prépositions séparables.

80. — Parmi les prépositions *séparables* les unes gouvernent l'accusatif, les autres l'ablatif. Quatre gouvernent tantôt l'accusatif, tantôt l'ablatif, suivant leur signification.

PRÉPOSITION

1° PRÉPOSITIONS AVEC L'ACCUSATIF.

Ad,	à, vers, près de.	Juxta,	à côté de, selon.
Adversum,	} vis-à-vis de,	Ob,	devant, à cause de.
Adversus,	} contre.	Penes,	au pouvoir de.
Ante,	devant, avant.	Per,	par, à travers, pendant.
Apud,	auprès de, chez.		
Circa,	autour de, à l'égard de.	Pone,	derrière.
		Post,	derrière, après, depuis.
Circum,	autour de.		
Circiter,	environ.	Præter,	devant, outre, excepté.
Cis,	} en deçà de.		
Citra,	}	Prope,	près de.
Contra,	vis-à-vis de, contre.	Propter,	à cause de, le long de.
Erga,	envers.	Secundum,	le long de, selon, après.
Extra,	au dehors de, excepté.	Secus,	le long de.
Infra,	au-dessous de, sous.	Supra,	au-dessus de, sur.
		Trans,	à travers, au delà de.
Inter,	entre, parmi, pendant.		
		Ultra,	au delà de.
Intra,	au-dedans de, pendant.	Usque,	jusqu'à.
		Versus,	vers.

81. — 2° PRÉPOSITIONS AVEC L'ABLATIF.

A, ab, abs,	de, de chez, depuis, par.
Absque,	sans.
Clam,	à l'insu de.
Coram,	en présence de.
Cum,	avec.
De,	de, du haut de, touchant.
E, ex,	de, hors de, depuis.
Palam,	devant, en présence de.

Præ, *devant, en comparaison de, à cause de.*
Pro, *devant, pour, au lieu de, selon.*
Procul, *loin de.*
Sine, *sans.*
Tenus, *jusqu'à.*

82. — REMARQUE. 1° *Versus* et *tenus*, se placent toujours après le complément :

Megaram versus, *vers Mégare*; Tauro tenus, *jusqu'au Mont Taurus.*

2° *Cum* se met toujours après les pronoms *me*, *te*, *se*, *nobis*, *vobis*, et ne forme avec eux qu'un seul mot.

Mecum, *avec moi*; tecum, *avec toi*; secum, *avec lui-même*; nobiscum, *avec nous*; vobiscum, *avec vous.*

B. PRÉPOSITIONS AVEC L'ACCUSATIF OU L'ABLATIF.

83. Les quatre prépositions qui ont tantôt l'accusatif, tantôt l'ablatif, sont :

In, *à, en, dans.*
Sub, *sous.*
Super, *sur, au-dessus de, touchant.*
Subter, *sous, au-dessous de.*

REMARQUE. *In*, *sub* et *super* ont l'accusatif, quand il y a mouvement d'un lieu vers un autre; et l'*ablatif*, quand ce mouvement n'a pas lieu.

Eo in hortum, *je vais au jardin.*
Ambulo in horto, *je me promène dans le jardin.*
Sum in horto, *je suis dans le jardin.*

Subter a toujours l'accusatif en prose; en poésie, on le trouve quelquefois suivi de l'ablatif.

II. **Prépositions inséparables.**

84. — Il y a six prépositions inséparables.
Am, *autour de* (du grec χμφι).

Con,   avec, (de la préposition *cum*).
Di,   } séparément, de différents côtés.
Dis, }
Re,   de nouveau, en arrière.
Se,   de côté, à l'écart,

CHAPITRE SEPTIÈME.

ADVERBE.

85. — L'Adverbe est un mot invariable, qui sert à expliquer et à définir la signification d'un autre mot : Raro, sed docte loquitur, *il parle rarement, mais avec sagesse.*

L'Adverbe se joint le plus souvent à un verbe, (*ad-verbum*, auprès d'un verbe) ; on le joint aussi à un adjectif, et quelquefois à un autre adverbe.

Les Adverbes peuvent se diviser en plusieurs espèces, suivant leurs diverses significations.

I. Tableau des Adverbes.

86. — Il y a des adverbes :
1° De *souhait* (optandi) :
   utinam ! *plaise à Dieu que ! Dieu veuille que !*
2° D'*interrogation* (interrogandi) :
   an, num, *est-ce que ?*
   nonne, *est-ce que...ne...pas ?*
   cur, quare, *pourquoi ?*
   quando, *quand ?* quomodo, *comment ?*
   quoties, *combien de fois ?* ubi, *où !*

ADVERBE

3° D'*affirmation* (affirmandi) :
   etiam, ita, *oui*; quidni? *pourquoi non?*
   perfecto, sane, certe, *assurément*.
4° De *négation* (negandi) :
   non, haud, *non*, ne... *pas*;
   nequaquam, *nullement*.
   minime, *point du tout*.
5° De *doute* (dubitandi) :
   forsan, forsitan, fortassis, fortasse, *peut-être*.
6° D'*encouragement* (hortandi) ;
   eia, *allons! courage!*
   age, agedum (sing.), agite (pl.), *hé bien! allons!*
7° De *défense* (prohibendi) : ne, *ne... pas*.
8° D'*indication* (indicandi) : en, ecce, *voici, voilà*.
9° De *comparaison* (comparandi) :
   magis, *plus*; minus, *moins*; potius, *plutôt*.
   fortius, *plus courageusement*.
10° De *réunion* (congregandi) ;
   simul, *en même temps*; una, *ensemble*.
11° De *séparation* (separandi) :
   seorsum, separatim, *séparément, à part*.
12° De *temps* (temporis) :
   hodie, *aujourd'hui*; cras, *demain*; heri, *hier*;
   pridie, *la veille*; postridie, *le lendemain*;
   quotidie, *chaque jour*; nunc, *maintenant*;
   tum, tunc, *alors*; mox, *bientôt*; etc.
13° De *lieu* (loci) :
   hic, *ici* (quest. ubi?); eo, *là* (q. quo?);
   inde, *de là* (q. unde?); illac, *par là* (q. qua?).
14° De *nombre* (numeri) :
   semel, *une fois*; bis, *deux fois*; sæpe, *souvent*.
15° D'*ordre* (ordinis) :
   primum, *d'abord*; deinde, *ensuite*, denique, *enfin*.
16° D'*accident* (eventus) :
   forte, *par hasard*; fortuito, *fortuitement*.

17° De *ressemblance* (similitudinis) :
sicut, sicuti, ut, uti, *comme, de même que.*
18° De *diversité* (diversitatis) :
aliter, secus, *autrement.*
19° De *manière* (modi) ou de *qualité* (qualitatis) :
acriter, *ardemment;* segniter, *nonchalamment;*
prudenter, *prudemment.*
20° De *quantité* (quantitatis) :
parum, *peu;* multum, *beaucoup;*
plus, *plus;* satis, *assez;* nimium, *trop* (125).

II. Degrés de signification dans les Adverbes.

87. — Les Adverbes formés d'adjectifs ou de participes, ont presque seuls des degrés de signification.

Le *comparatif* de l'adverbe est le nominatif singulier neutre du comparatif de l'adjectif : Docte, *savamment;* doctius, *plus savamment.*

Le *superlatif* de l'adverbe se forme du superlatif de l'adjectif, en changeant *us* en *e.*

Docte, *savamment;* doctissim-e, *très-savamment.*

Ainsi se forment :
de *raro* : rarius, rarissime; de *citatim* : citatius, citatissime;
de *celeriter* : celerius, celerrime; de *facile* : facilius, facillime;
de *bene* : melius, optime; de *male* : pejus, pessime.

88. — REMARQUE : Les adverbes suivants forment leur comparatif et leur superlatif d'une manière irrégulière.

Parum, *peu;* minus, *moins;* minimum (e), *le moins.*
Multum, *beaucoup;* plus, *plus;* plurimum, *le plus.*
Diu, *longtemps;* diutius, . . . diutissime.
Sæpe, *souvent;* sæpius, . . sæpissime.
Satis, *assez;* satius, *mieux;*
Secus, *autrement;* secius, *moins;*
Nuper, *récemment;* . . . . . nuperrime. (109).

CHAPITRE HUITIÈME
CONJONCTION.

89. — La *conjonction* est un mot invariable qui sert à unir entr'eux les mots et les différents membres d'une phrase.

I. Tableau des conjonctions.

1° Conj. *copulatives* ou de *liaison* :
   ac, atque, et, que, etiam, quoque, *et, aussi, encore, même.*

2° — *disjonctives* ou de *division* :
   vel, ve, sive, aut, ne, *ou, ou bien, soit.*

3° — *adversatives* ou d'*opposition* :
   at, ast, sed, *mais*; tamen, *cependant*; etsi, quanquam, *bien que, quoique.*

4° — *conclusives* ou de *conclusion* :
   ergo, igitur, *donc*;
   ideo, quare, itaque, *c'est pourquoi, aussi.*

5° — *interrogatives* ou d'*interrogation* :
   an, num, si.

6° — *causative* ou de *cause* :
   nam, enim, *car*;
   quia, quod, *parce que*;
   quoniam, quum, *puisque, comme.*

7° — *conditionnelles* ou de *condition* :
   si, *si*; sin, *mais si*;
   ni, nisi, *à moins que*;
   dum, modo, *pourvu que.*

8° — *intentionnelles* ou *d'intention* :
ut, *afin que, pour que*;
ne, *de peur que*.

9° — *explétives* ou *de complément* :
quidem, equidem, *à la vérité, certes, du moins*.

10° — de *temps* :
quum, quando, *lorsque*;
ut, ubi, simul ac, *dès que*;
antequam, *avant que*; postquam, *après que*;
dum, donec, *tandis que, tant que*.

II. Place des conjonctions.

90. — D'après la place que les conjonctions occupent, on peut les diviser en *prépositives, postpositives* et *communes*.

On appelle *prépositives*, les conjonctions qui se mettent en tête de la phrase, comme et, nec, sed, etc.

On appelle *postpositives*, celles qui se mettent toujours après le premier mot de la proposition, ou après le second, si le membre de phrase commence par une préposition suivie de son régime.

Ce sont les huit conjonctions suivantes :
que, ve, ne, quidem;
quoque, vero, enim, autem.

91. — REMARQUES : 1° Les conjonctions *que, ve, ne*, s'appellent *enclitiques* (de εν κλινω), parce qu'elles s'unissent au mot après lequel elles sont placées.

Pater frater*que*, *le père et le frere*.
Alexander Cæsar*ve*, *Alexandre ou César*.
Vidis*tine*? *avez-vous vu*?

2° *Quidem* et *quoque* se placent après le mot sur lequel ils appuient :

Vestigia quoque Carthaginis exstinguere, *détruire jusqu'aux vestiges de Carthage*.

On appelle conjonctions *communes*, celles qu'on peut mettre en tête de la proposition, ou après le premier mot; comme *ergo, igitur, itaque, equidem*, et quelques autres ;

Ergo me sic ludificamini? *voilà donc comment vous vous jouez de moi?*

Quid *ergo* est? *qu'est-ce donc?* (127.)

CHAPITRE NEUVIÈME

INTERJECTION

92. — L'*interjection* (*inter-jecta-vox*) est un mot invariable qui sert à exprimer les différents mouvements de l'âme.

Tableau des interjections.

1° Pour *louer*, *encourager* :	Euge! eia! *eh bien! courage; allons!*
2° Pour la *joie* :	Evax! ah! vah! *ah! oh! ho!*
3° Pour la *menace* :	Vah! ah! væ! *malheur!*
4° Pour la *douleur* :	Ah! heu! eheu! hei! *ah! hélas! aïe!* Ahah! ah! ah! hoi! oi! *hélas! oh!*

5° Pour l'*admiration* : Papæ! o! vah! oh! oh! ô! ah!
6° Pour l'*étonnement* : Hui! ouais! hoho!
7° Pour l'*ironie* : O! ô! hui! hoho!
8° Pour l'*exlamation* : Pro! proh! o! oh! ah! ô!
9° Pour la *crainte* : Hei! eh!
10° Pour la *surprise* : At at! attat! eh mais! ah ah!
11° Pour le *mépris* : Apage! arrière! loin d'ici! fi, donc!
12° Pour la *colère* : Malum! ô honte! ô misère! nefas! ô crime! infandum! chose horrible!
13° Pour *appeler* : Heus! ohe! hé! holà! eh bien!
14° Pour *imposer silence* : St! chut! paix! silence!

Remarque. Pour encourager, on emploie encore le vocatif de l'adjectif *mactus* : Macte [sing.], Macti [pl.], courage! très-bien! bravo, en avant! et Age [sing.], Agite [pl.]. or ça! allons! (126)

QUELQUES RÈGLES

DE

SYNTAXE

RÈGLE I. — Parva scintilla.

93. — Les adjectifs, les pronoms et les participes s'accordent en genre, en nombre et en cas avec les substantifs auxquels ils se rapportent.

Nomina adjectiva, pronomina et participia cohærent cum suis substantivis genere, numero et casu.

Ex. *Parva* scintilla. *La faible étincelle.*
Magnum incendium. *Le grand incendie.*

Parva sæpe scintilla *contempta* magnum *excitavit* incendium. *Souvent une faible étincelle négligée a causé un grand incendie.*

RÈGLE II. — Liber qui inscribitur Lælius.

94. — Le relatif *qui*, *quæ*, *quod*, s'accorde en genre et en nombre avec son antécédent.

Relativum *qui*, *quæ*, *quod*, concordat cum antecedente in genere et numero.

13

Ex. Liber *qui* inscribitur Lœlius. *Le livre qui est intitulé Lélius.*

Accepi tuas litteras *quæ* mihi jucundissimæ fuerunt.

J'ai reçu votre lettre qui m'a été très-agréable.

RÈGLE III. — Ego valeo.

95. — Le sujet de tout verbe personnel à un mode défini se met au nominatif, et le verbe est au même nombre et à la même personne que son sujet.

Nomen verbi personalis finiti modi nominativo effertur, et verbum est ejusdem numeri et personæ ac nomen.

Ex. Ego valeo. *Je me porte bien.*
    Tu rides. *Tu ris.*
    Magister docet. *Le maître enseigne.*
    Nos legimus. *Nous lisons.*
    Vos scribitis. *Vous écrivez.*
    Aleatores vapulant. *Les joueurs sont battus.*

RÈGLE IV. — Nimbum cito transiisse lætor.

96. — Tout verbe personnel à l'infinitif veut le nom qui précède à l'accusatif.

Verbum personale infiniti modi postulat ante se accusandi casum.

Ex. *Hunc* quidem *nimbum* cito transiisse lætor.

Je suis heureux que cette tempête soit passée promptement.

Doleo *parentes tuos* ægrotare *Je suis affligé que vos parents soient malades.*

RÈGLE V. — Senectus ipsa est morbus.

97. — Le verbe substantif veut au nominatif, non seulement son sujet, mais aussi son attribut.

Verbum substantivum non solum ante se, sed etiam post se (1) nominativum petit.

Ex. Senectus ipsa est *morbus. La vieillesse elle-même est une maladie.*

Avus tuus fuit *vir* doctus. *Votre aïeul fut un homme savant.*

RÈGLE VI. — Ego vivo miserrimus.

98. — Tout verbe personnel à un mode défini peut avoir deux nominatifs : son sujet et l'attribut qui s'y rapporte.

Omne verbum personale finiti modi utrinque nominati-

---

(1) Les mots *ante se* correspondent souvent au mot français *sujet* ; et les mots *post se*, au mot français *attribut* et *complément*. Ils désignent, non pas la place que le sujet, l'attribut ou le complément tiennent ordinairement dans la phrase ; mais celle qui leur est assignée par la construction régulière.

vum habere potest, cum utrumque nomen ad eamdem rem pertinet.

Ex. Ego vivo *miserrimus. Je vis très-malheureux.*

Boni moriuntur *lœti. Les gens de bien meurent contents.*

RÈGLE VII. — Supplicium est pœna peccati.

99. — Toutes les fois que, dans une phrase, deux substantifs, exprimant des choses différentes, ne sont pas unis par une conjonction, celui qui est régime de l'autre se met au génitif.

Quotiescumque duo nomina substantiva ad res diversas pertinentia in oratione ponuntur sine conjunctione, alterum quod regitur erit genitivi casus.

Ex. Supplicium est pœna *peccati. Le châtiment est la punition de la faute.*

Epistola *Ciceronis. La lettre de Cicéron.*

RÈGLE VIII. — Amavit unice patriam.

100. — Tout verbe actif veut son régime direct à l'accusatif.

Verbum activum post se accusandi casum postulat.

Ex. Avus tuus, clarissimus vir, amavit unice *patriam* et *cives* suos. *Votre grand-père, homme très-distingué, aima par-dessus tout sa patrie et ses concitoyens.*

Frater tuus legit *Ciceronem* diligenter. *Votre frère lit Cicéron avec zèle.*

RÈGLE IX. — Liberi a parentibus diliguntur.

101. — Le verbe passif veut son régime à l'ablatif, avec la préposition *a* ou *ab*; on supprime ordinairement la préposition si le régime est un nom de chose inanimée.

Verbum passivum post se ablativum postulat cum præpositione *a* vel *ab* ; si tamen res inanimata est, fere præpositio supprimitur.

Ex. Liberi a *parentibus* diliguntur. *Les enfants sont aimés de leurs parents.*
Maximo *dolore* conficior. *Je suis accablé d'une profonde douleur.*

RÈGLE X. — Fui in schola.

102. — Tout verbe peut être suivi d'une préposition avec le cas qu'elle gouverne.

Quodvis verbum admittit præpositionem cum suo casu.

Ex. Fui in schola. *J'ai été en classe.*
Eo in gymnasium. *Je vais au collège.*

RÈGLE XI. — Tibi aras.

103. — Après tous les verbes et beaucoup d'adjectifs, on met au datif le nom de la personne ou de la chose, à laquelle on cause un dommage, ou l'on procure un avantage.

Omne verbum et multa nomina adjectiva dativum habere possunt ejus personæ vel rei, cui damnum aliquod vel commodum datur.

Ex. *Tibi* aras, *tibi* occas, *tibi* seris, *tibi eidem* metis. *C'est pour vous que vous labourez, que vous hersez, que vous ensemencez, c'est pour vous aussi que vous moissonnez.*

Catilina fuit perniciosus *reipublicæ*; *Catilina fut pernicieux à la république.*

RÈGLE XII. — Romulus septem et triginta regnavit annos.

104. — I. Le nom de temps se met à l'accusatif ou à l'ablatif si la question se fait par *quamdiu*, combien de temps?

Tempus accusativo vel ablativo effertur si per *quamdiu* fiat quæstio.

Ex. Romulus septem et triginta *regnavit annos* vel *annis*. *Romulus a régné trente-sept ans.*

Quamdiu regnavit Romulus? — Septem et triginta *annos* vel *annis*. *Combien de temps a régné Romulus? — Trente-sept ans.*

Vixit *annis* undetriginta. *Il a vécu vingt-neuf ans.*

II. Si la question se fait par *Quando*, quand? le nom de temps se met à l'ablatif.

Sin vero fiat per *quando*, tempus ablativo effertur.

Ex. *Quando* datum est tibi hoc negotium ? *Anno superiore.*
Quand cette affaire vous a-t-elle été confiée ? L'année dernière.

Negotium magistratibus datum est *anno superiore.*
Cette affaire fut confiée aux magistrats l'année dernière.

RÈGLE XIII. — Hisce oculis egomet vidi.

105. — On met à l'ablatif 1° le nom d'instrument;

Ex. Hisce *oculis* egomet vidi. *Je l'ai vu de mes propres yeux.*

2° Le nom de la cause pour laquelle une chose se fait;

Ex. Vestra *culpa* hæc acciderunt. *C'est par votre faute que ces malheurs sont arrivés.*

3° Le nom de la manière dont une chose se fait;

Ex. Quonam *modo* hoc ferret civitas ? *De quelle manière la ville le souffrirait-elle ?*

4° Le nom de la partie;

Ex. Animoque et *corpore* torpet. *Il est engourdi et d'esprit et de corps.*

5° Le nom de prix.

Ex. Viginti *talentis* unam orationem Isocrates vendidit. *Isocrate vendit un discours vingt talents.*

Ablativo effertur ; 1° nomen instrumenti ;

2° Nomen causæ propter quam aliquid fit;
3° Nomen modi quo aliquid fit;
4° Nomen partis;
5° Nomen pretii.

RÈGLE XIV. — Efferor studio patres vestros videndi.

106. — Les gérondifs, les supins et les participes gouvernent les mêmes cas que les verbes dont ils dérivent.

Gerundia, supina et participia postulant post se casus verborum a quibus oriuntur.

Ex. Efferor studio *patres vestros* videndi. *Je suis transporté du désir de voir vos pères.*

Eo scriptum *litteras. Je vais écrire une lettre.*

Sum scripturus *litteras. Je suis sur le point d'écrire une lettre.* (138)

LIVRE PREMIER

SECONDE PARTIE

NOTIONS SUPPLÉMENTAIRES

CHAPITRE PREMIER

I. DÉFINITION DES CAS.

107 — 1° Le Nominatif (*nominativus*), est ainsi appelé, parce qu'il nomme, désigne le sujet de la proposition. *Deus est summo amore dignus.* **Dieu est infiniment aimable.**

Le nominatif est donc proprement le cas du sujet des verbes. Il répond à la question *qui est-ce qui?* pour les personnes, et *qu'est-ce qui?* pour les choses.

Il s'appelle aussi en latin CASUS NOMINANDI *(cas de nommer, cas qui nomme)*; PRIMA POSITIO, *(première terminaison, première forme du mot)*; enfin, CASUS RECTUS *(cas direct)*, et par opposition à cette dénomination, les autres cas sont appelés CASUS OBLIQUI *(cas obliques)*. (8)

2° Le Vocatif *(vocativus)*, désigne le nom de la personne ou de la chose, à qui l'on adresse la parole: *Fili mi, audi consilia patris tui.* **Mon fils, écoutez les conseils de votre père.**

3° Le Génitif *(genitivus)*, est le cas qui sert à

former le Datif, l'Accusatif et l'Ablatif, d'où lui vient le nom de *casus patrius*. Il exprime l'union qui existe entre deux ou plusieurs objets : Regis sapientia; *La sagesse du Roi.*

Il répond aux questions *de qui? de quoi?* c'est pour cela qu'on l'appelle *casus interrogandi.*

Il est régime des noms, de quelques adjectifs et de certains verbes.

4° Le Datif *(dativus)*, désigne le nom auquel on donne, on attribue quelque chose : Tibi consilium do. *Je vous donne un conseil.* C'est pourquoi on l'appelle aussi *casus dandi.*

Il est régime d'un grand nombre d'adjectifs et de verbes.

Il répond aux questions *à qui? à quoi? pour qui? pour quoi?* etc.

5° L'Accusatif *(accusativus)*, accuse, désigne le nom de la personne ou de la chose sur laquelle se porte l'action exprimée par le verbe : Deum adoro, *J'adore Dieu.* Il se nomme aussi *accusandi casus.* Il répond aux questions *qui?* ou *quoi?* faites avec le verbe. J'adore *qui?* Dieu.

Il est régime direct du verbe, sujet d'un verbe à l'infinitif, et régime de beaucoup de prépositions.

6° L'Ablatif *(ablativus)*, exprime ordinairement l'idée de séparation, d'éloignement : A patre litteras accepi. *J'ai reçu une lettre de mon père.* Ex Africa venio. *Je viens d'Afrique.* Il s'appelle encore *casus auferendi* et *sextus casus.*

Voyez dans les deux phrases suivantes la différence qu'il y a entre le génitif et l'ablatif.

J'ai reçu la lettre de mon père. Patris litteras accepi.

J'ai reçu une lettre de mon père. A patre litteras accepi. (132)

II. COMPARATIFS ET SUPERLATIFS.

108. — Les adjectifs suivants ont deux superlatifs irréguliers :

POSITIF.	COMPARATIF.	SUPERLATIF.
Superus,	superior,	supremus.
Qui est en haut.	—	summus.
Inferus,	inferior,	infimus.
Qui est en bas.	—	imus.
Posterus,	posterior,	postremus.
Qui est après.	—	posthumus.
Exterus,	exterior,	extremus.
Extérieur.	—	extimus.

Ces adjectifs ne sont guère usités au nominatif singulier du positif. On les emploie principalement dans les cas suivants : Exteri, æ, a, *étrangers.* Di superi, inferi, *Dieux supérieurs, inférieurs.* In posterum tempus, *à l'avenir*; postera die, *le lendemain,* etc.

109. — Les adjectifs suivants manquent de positif :

Citerior,	*qui est plus en deçà;*	Citimus,	*le plus en deçà.*
Ulterior,	*plus au delà ;*	Ultimus,	*le dernier.*
Interior,	*intérieur ;*	Intimus,	*intime.*
Prior,	*le premier des deux;*	Postremus,	*le dernier.*

Propior,	*plus proche;*	Proximus,	*le plus proche.*
Ocior,	*plus vite;*	Ocissimus,	*le plus vite.*
Potior,	*préférable;*	Potissimus,	*le principal.*
Deterior,	*plus mauvais;*	Deterrimus,	*le plus mauvais.*

110. — N'ont pas de comparatif :

Inclytus,	*illustre;*	inclytissimus.
Invitus,	*malgré soi;*	invitissimus.
Sacer,	*sacré;*	sacerrimus.
Falsus,	*faux;*	falsissimus.
Novus,	*nouveau;*	novissimus.
Vetus,	*vieux;*	veterrimus.

111. — N'ont pas de superlatif :

Adolescens,	*jeune;*	adolescentior.
Juvenis,	*jeune;*	junior.
Senex,	*vieux;*	senior.

Anterior, *antérieur;* sequior, *moindre,* n'ont ni positif, ni superlatif.

112. — Il en est qui ne forment leur comparatif et leur superlatif qu'à l'aide des adverbes *magis* et *maxime;* comme canus, *à cheveux blancs;* mutus, *muet.*

113. — Enfin, il en est qui excluent toute idée de comparaison comme les participes suivis de leur régime, et les adjectifs qui expriment une qualité portée au plus haut degré, comme æternus, *éternel;* immensus, *immense.*

REMARQUE : Plusieurs comparatifs forment un diminutif en ajoutant *culus, a, um* à leur genre neutre; Majus, Majusculus, *un peu plus grand;* Melius, Meliusculus, *un peu meilleur.*

III. ADJECTIFS NUMÉRAUX.

114. — Les *adjectifs numéraux* désignent le nombre ; c'est pour cela qu'on les appelle aussi *noms de nombre*.

Il y a trois sortes d'adjectifs numéraux :

1° Les adjectifs numéraux *cardinaux*, qui expriment le nombre, ou la qualité d'une manière absolue, comme unus, *un*, duo, *deux*, tres, *trois*.

2° Les adjectifs numéraux *ordinaux*, qui expriment le rang dans l'ordre numérique, comme primus, *premier*, secundus, *second* ou *deuxième*, tertius, *troisième*.

3° Les adjectifs numéraux *distributifs*, qui expriment la distribution, la division, comme singuli, *un à un*, bini, *deux à deux*, terni, *trois à trois*

Nous allons donner le tableau des adjectifs numéraux, en y joignant les adverbes numéraux qui en dérivent.

ADJECTIFS CARDINAUX		ADJECTIFS ORDINAUX	
Unus, a, um,	1.	Primus, a, um,	1er
Duo, æ, duo,	2.	Secundus, a, um,	2e
Tres, tria,	3.	Tertius, a, um,	3e
Quatuor,	4.	Quartus, a, um,	4e
Quinque,	5.	Quintus, a, um,	5e
Sex,	6.	Sextus, a, um,	6e
Septem,	7.	Septimus, a, um,	7e
Octo,	8.	Octavus, a, um,	8e
Novem,	9.	Nonus, a, um,	9e
Decem,	10.	Decimus, a, um,	10e
Undecim,	11.	Undecimus, a, um,	11e
Duodecim,	12.	Duodecimus, a, um,	12e
Tredecim, *ou* decem et tres,	13.	Tertius decimus *ou* decimus et tertius,	13e
Quatuordecim,	14.	Quartus decimus,	14e
Quindecim,	15.	Quintus decimus,	15e
Sexdecim *ou* decem et sex,	16.	Sextus decimus,	16e
Septemdecim *ou* decem et septem,	17.	Septimus decimus,	17e
Octodecim *ou* decem et octo *ou* duodeviginti,	18.	Octavus decimus *ou* duodevicesimus,	18e
Novemdecim *ou* decem et novem *ou* undeviginti,	19.	Nonus decimus *ou* undevicesimus,	19e
Viginti,	20.	Vicesimus *ou* vigesimus,	20e
Unus et viginti *ou* viginti unus,	21.	Vicesimus primus *ou* primus et vicesimus,	21e
Duo et viginti *ou* viginti duo,	22.	Vicesimus secundus *ou* secundus et vicesimus,	22e

NOMS DE NOMBRE

ADJECTIFS DISTRIBUTIFS.		ADVERBES NUMÉRAUX.	
Singuli, æ, a,	1 à 1, ou chacun 1.	Semel,	1 *fois.*
Bini, æ, a,	2 à 2, ou chacun 2.	Bis,	2 *fois.*
Terni *ou* trini,	3 à 3.	Ter,	3 *fois.*
Quaterni,	4 à 4.	Quater,	4 *fois.*
Quini,	5 à 5.	Quinquies,	5 *fois.*
Seni,	6 à 6.	Sexies,	6 *fois.*
Septeni,	7 à 7.	Septies,	7 *fois.*
Octoni,	8 à 8.	Octies,	8 *fois.*
Noveni,	9 à 9.	Novies,	9 *fois.*
Deni,	10 à 10.	Decies,	10 *fois.*
Undeni,	11 à 11.	Undecies,	11 *fois.*
Duodeni,	12 à 12.	Duodecies,	12 *fois.*
Terni deni,	13 à 13.	Tredecies *ou* terdecies,	13 *fois.*
Quaterni deni,	14 à 14.	Quatuor decies *ou* quaterdecies,	14 *fois.*
Quini deni,	15 à 15.	Quinquies decies *ou* quindecies,	15 *fois.*
Seni deni,	16 à 16.	Sexies decies *ou* sexdecies,	16 *fois.*
Septeni deni,	17 à 17.	Septies decies	17 *fois.*
Octoni deni,	18 à 18.	Octies decies *ou* duodevicies,	18 *fois.*
Noveni deni, *on* undeviceni,	19 à 19.	Novies decies *ou* undevicies,	19 *fois.*
Viceni,	20 à 20.	Vicies,	20 *fois.*
Viceni singuli,	21 à 21.	Semel et vicies,	21 *fois.*
Viceni bini,	22 à 22.	Bis et vicies,	22 *fois.*

ADJECTIFS CARDINAUX.		ADJECTIFS ORDINAUX.	
Triginta,	30.	Tricesimus, *ou* trigesimus,	30e
Unus et triginta. *ou* triginta unus,	31.	Tricesimus primus, *ou* primus et tricesimus,	31e
Quadraginta,	40.	Quadragesimus,	40e
Quinquaginta,	50.	Quinquagesimus,	50e
Sexaginta,	60.	Sexagesimus,	60e
Septuaginta,	70.	Septuagesimus,	70e
Octoginta,	80.	Octogesimus,	80e
Nonaginta,	90.	Nonagesimus,	90e
Centum,	100.	Centesimus,	100e
Centum et unus,	101.	Centesimus primus,	101e
Centum et duo,	102.	Centesimus secundus,	102e
Ducenti, æ, a,	200.	Ducentesimus,	200e
Trecenti, æ, a,	300.	Trecentesimus,	300e
Quadringenti, æ, a,	400.	Quadriagentesimus,	400e
Quingenti, æ, a.	500.	Quingentesimus,	500e
Sexcenti, æ, a,	600.	Sexcentesimus,	600e
Septingenti, æ, a,	700.	Septingentesimus,	700e
Octingenti, æ, a,	800.	Octingentesimus,	800e
Noningenti, æ, a, *ou* nongenti, æ, a,	900.	Noningentesimus, *ou* nongentesimus,	900e
Mille,	1,000.	Millesimus,	1,000e
Mille et unus,	1,001.	Millesimus primus,	1,001e
Mille et duo,	1.002.	Millesimus secundus,	1,002e
Duo millia,	2,000.	Bis millesimus,	2,000e
Tria millia,	3.000.	Ter millesimus,	3,000e
Centum millia,	100,000.	Centies millesimus,	100,000e
Centum decem millia,	110,000.	Centies decies mill^s	110,000e
Ducenta millia,	200,000.	Ducenties millesimus,	200,000e
Decies centena millia,	1,000,000.	Millies millesimus,	1,000,000e

NOMS DE NOMBRE

ADJECTIFS DISTRIBUTIFS.		ADVERBES NUMÉRAUX.	
Triceni,	30 à 30.	Tricies,	30 fois.
Triceni singuli,	31 à 31.	Semel et tricies,	31 fois.
Quadrageni,	40 à 40.	Quadragies,	40 fois.
Quinquageni,	50 à 50.	Quinquagies,	50 fois.
Sexageni,	60 à 60.	Sexagies,	60 fois.
Septuageni,	70 à 70.	Septuagies,	70 fois.
Octogeni,	80 à 80.	Octogies,	80 fois.
Nonageni,	90 à 90.	Nonagies,	90 fois.
Centeni,	100 à 100.	Centies,	100 fois.
Centeni singuli,	101 à 101.	Semel et centies,	101 fois.
Centeni bini,	102 à 102.	Bis et centies,	101 fois.
Duceni,	200 à 200.	Ducenties,	200 fois.
Treceni,	300 à 300.	Trecenties,	300 fois.
Quadringeni,	400 à 400.	Quadringenties,	400 fois.
Quingeni,	500 à 500.	Quingenties,	500 fois.
Sexceni,	600 à 600.	Sexcenties,	600 fois.
Septingeni,	700 à 700.	Septingenties,	700 fois.
Octingeni,	800 à 800.	Octingenties,	800 fois.
Nongeni,	900 à 900.	Nongenties,	900 fois.
Singula millia,	1,000.	Millies,	1,000 fois.
Bina millia,	2,000.	Bis millies,	2,000 fois.
Centena millia,	100,000.	Centies millies,	100,000 fois.
Centena dena millia,	110,000.	Centies decies millies,	110,000 fois.
Ducena millia,	200,000.	Ducenties millies,	200,000 fois.
Dena centena millia,	1,000,000.	Decies centies millies,	1,000,000 fois.

115. — 1ᵉ REMARQUE : Les deux derniers nombres de chaque dizaine peuvent s'exprimer par un mot composé; ainsi l'on peut dire :

18, *duodeviginti*, pour *decem et octo* (deux ôtés de vingt).
19, *undeviginti*, pour *decem et novem* (un ôté de vingt).
28, *duodetriginta* pour *viginti octo*, etc.

Entre *vingt* et *cent* on met le plus petit nombre le premier avec la conjonction *et*, ou le dernier sans cette conjonction : *unus* et *viginti* ou *viginti unus*, etc.

Au-dessus de *cent* on met toujours le plus grand nombre le premier avec la conjonction *et* ou sans cette conjonction : 105, *centum quinque*, ou *centum et quinque*; 146, *centum quadraginta sex* : ou *centum quadraginta et sex*, la conjonction *et* ne se met qu'une fois.

Mille, invariable au singulier, se décline au pluriel :

    Millia   millium, millibus.

On peut dire également: *mille homines*, ou *mille hominum*, 1,000 hommes.

Mais avec *millia* on met plutôt le génitif: ainsi l'on dit :

    Sex millia hominum, 6,000 *hommes.*

Si *millia* est suivi de centaines, de dizaines ou d'unités, il n'influe pas sur le cas du substantif :

    Sex millia ducenti homines, 6,200 *hommes.*

Les *multiples* de *mille* se forment de deux manières, soit en faisant précéder *mille* des adverbes *bis, ter, decies*, etc., soit en mettant devant *millia* les nombres cardinaux *duo, tria, centum, mille*, ou les nombres *distributifs, bina, terna*, etc.

    2,000,   *bis mille* ou *duo millia* ou *bina millia*.
  100,000,   *centies mille* ou *centum millia* ou *centena millia*
1,000,000,   *millies mille* ou *mille millia* ou *millena millia*.

2ᵉ Remarque : En latin, au lieu du nombre cardinal, on emploie le nombre ordinal :

1º Pour distinguer les Souverains qui ont porté le même nom : Louis neuf, *Ludovicus nonus*.

2º Pour indiquer les années, les jours du mois, les heures

du jour : L'an 1863 (mil-huit-cent-soixante-trois), *annus millesimus octingentesimus sexagesimus tertius;* le 20 du mois, *dies vigesimus;* il est huit heures, *octava hora est.*

Dans les nombres ordinaux de 13 à 20 le plus petit nombre se met le premier sans la conjonction *et;* au-dessus de 20, il se met après le plus grand nombre sans *et*, ou avant avec *et.*

Au-dessus de *mille*, on multiplie *millesimus* par les adverbes *bis, ter, etc.*

IV. PRONOMS.

116 — I. Pour donner plus de force aux pronoms personnels, souvent on leur ajoute la particule inséparable *met, egomet, meimet, mihimet, memet, temet; suimet, sibimet, semet, nosmet, vosmet.* Il faut excepter le nominatif *tu*, et les génitifs du pluriel *nostrûm, vestrûm.*

C'est encore pour renforcer la signification du pronom, qu'on emploie à l'accusatif et à l'ablatif singulier les formes redoublées, *meme, tete, sese;* ce dernier est fort usité.

II. On ajoute quelquefois la syllabe *ce* au pronom *Hic, hæc, hoc : hicce, hæcce, hocce,* etc. Dans les phrases interrogatives, on intercale, entre ce pronom et l'enclitique *ne*, la syllabe *ci : Hiccine, hæccine, hoccine.* On fait de même, quand *sic* doit être suivi de la même particule *ne : Siccine?* Est-ce ainsi?

III. *Aliquis,* comme il a été dit, fait au pluriel *Aliqui, aliquæ, aliqua;* outre cette forme, il a pour tous les cas de ce nombre, la forme indéclinable *aliquot,* qui ne s'emploie jamais sans être accompagnée d'un nom exprimé : *aliquot homines.*

On retranche ordinairement les deux premières syllabes de *aliquis*, et des adverbes qui en sont formés, lorsque ces mots viennent après, *Si, nisi, ne, num, sive, cum, quo, ubi*. Ainsi l'on dit : *Si quis*, pour *si aliquis*, si quelqu'un ; *ubi quis*, pour *ubi aliquis*, dès que quelqu'un ; *si quando*, pour *si aliquando*, si parfois ; *sicubi*, pour *si alicubi*, si en quelque lieu, etc.

V. VERBES.

§ I. — Verbes passifs.

117. — Quelquefois, dans les verbes passifs, le présent a le sens du passé. Ainsi cette phrase : *Les livres sont lus*, peut signifier qu'on les lit en ce moment, ou que l'on a fini de les lire. Dans le premier cas, on doit dire en latin : *Libri leguntur*, dans le second, *Libri lecti sunt*.

De même, l'imparfait a quelquefois le sens du plus-que-parfait, et le futur simple le sens du futur passé. *La ville était prise*, c'est-à-dire, *avait été prise* : Urbs capta erat. — *La ville sera prise quand vous viendrez*, c'est-à-dire, *aura été prise*. Urbs capta erit cum veneris.

§ II — Verbes dérivés.

118. — On appelle verbes dérivés, des verbes formés d'autres verbes.

Il y a quatre sortes de verbes dérivés, 1° les verbes *fréquentatifs* ; 2° les verbes *diminutifs* ; 3° les verbes *inchoatifs* ; 4° les verbes *désidératifs*.

I. — VERBES FRÉQUENTATIFS.

119. — On appelle verbes *fréquentatifs*, ceux qui expriment la répétition *fréquente* de l'action du verbe primitif; comme clamitare, *crier souvent*, de clamare, *crier*.

La plupart des verbes *fréquentatifs* sont terminés en *itare*, comme *clam-itare*; quelques-uns, en *are*, comme curs-are, *courir souvent*.

Les verbes fréquentatifs se forment du supin en *um*, en changeant *atum* en *itare*, ou en *are*:

  Clam o, clam *atum*; clam *itare*.
  Scrib o, script *um*; script *itare*.
  Curr o, curs *um*; curs *are*, etc.

II. — VERBES DIMINUTIFS.

120. — On appelle verbes *diminutifs*, certains verbes qui expriment une diminution du sens du verbe primitif; comme sorb-illo, are, *boire à petits coups*, de sorb-eo, ere, *avaler*.

Ces verbes, terminés tous en *illare*, appartiennent à la 1re conjugaison, et sont réguliers.

III. — VERBES INCHOATIFS.

121. — On appelle verbes *inchoatifs* (de inchoare, *commencer*), certains verbes qui expriment le commencement d'une action ou d'un état, qui va en s'augmentant et en se perfectionnant; comme dormisco, *s'endormir*, de dormio, *dormir*.

Tous les verbes *inchoatifs* sont neutres; ils sont terminés en *sco* et appartiennent à la 3e conjugaison.

IV. — VERBES DÉSIDÉRATIFS.

122. — On appelle verbes *désidératifs* (de desiderare, *désirer*), quelques verbes en *urio*, qui expriment le désir de la chose exprimée par le verbe primitif. Ex. Cœnat-urio, is, ire, *avoir envie de souper*, de cœnare, *souper;* dict-urio, is, ire, *avoir envie de parler;* de dicere, *dire*.

Les verbes désidératifs sont actifs ou neutres : ils appartiennent à la 4ᵉ conjugaison, et se forment du supin du verbe primitif en changeant *m* en *rio;* ainsi de *esum*, supin de *edere*, manger, se forme *esurio*, avoir faim.

REMARQUE : Les verbes désidératifs s'appellent encore *méditatifs*, de meditari, *méditer*. (112, 116).

§ III. Modes.

I. MODE OPTATIF.

123. — Le mode optatif (de optare, *souhaiter*), est précédé d'une particule qui indique le souhait, telle que Utinam, *plaise à Dieu que! plaise au ciel que! plût au ciel que! O, oh! puissé-je! Si, si...!*, Ut *pour* utinam, *plaise, plût au ciel que!*, Sic, ita, *qu'ainsi....!*, Quam, *combien...!*

Quelquefois cette particule est omise; car la forme de l'optatif exprime par elle-même le souhait, le désir : Sim! *plaise au ciel que je sois!*

II. MODE CONJONCTIF.

124. —Le *conjonctif* se nomme ainsi, parce qu'il dépend toujours d'une autre proposition, avec laquelle il est ordinairement uni par une des particules conjonctives suivantes :

Quum, *puisque*,	Ne, *de peur que*,
Quod, *parce que*,	Quo *pour* ut, *pour que*,
Si, *si*,	Dum *et* modo *pour* dum
Nisi *et* ni, *si... ne pas, à moins que*,	modo, *pourvu que*,
	Cur, *pourquoi*,
Quamvis *et* licet, *quoique*,	An *et* num, *si*,
	Qui *pour* ut is, *afin qu'il*
Ut, *pour que*,	etc.

Le *futur du conjonctif* tient à la fois du futur et du passé; car il exprime un fait passé relativement à une action future : Interfuero scholæ, quum veneris, *j'aurai assisté à la classe, quand vous serez arrivé.*

C'est pourquoi ce temps s'appelle *futur accompli*, comme le temps correspondant de l'infinitif, Futurum fuisse, *avoir dû être.* On le nomme aussi *futur passé* ou *futur antérieur.*

Au reste, comme on l'a vu par l'exemple précédent, le *futur accompli* s'emploie à l'indicatif aussi bien qu'au conjonctif :

    Amavero,   *j'aurai aimé.*
    Amaveris,   *tu auras aimé.*
    Amaverit,   *il aura aimé.*
    Amaverimus,   *nous aurons aimé*, etc.

III. MODES POTENTIEL, PERMISSIF OU CONCESSIF.

125. — Outre les modes dont il a été parlé

dans les conjugaisons, il existe encore deux modes qui sont d'un usage fréquent dans la langue latine : ce sont le mode *potentiel* et le mode *permissif* ou *concessif*.

Ces deux modes, donnent plus d'éclat et de grâce à la phrase latine, que tous les autres modes ensemble. (Voir Alvarez, n° 22).

Ils n'ont pas une forme de conjugaison qui leur soit propre, ils se conjuguent comme le mode conjonctif.

Le mode *potentiel* est ainsi appelé, parce qu'il signifie la *possibilité*, la *faculté* de faire une chose; on l'explique à l'aide du verbe *possum*.

Ce mode exprime aussi le *devoir* et quelquefois la *volonté* : on l'explique alors à l'aide du verbe *debeo*, et du verbe *volo*.

Le mode *permissif* ou *concessif* marque la *permission*, la *concession* de faire une chose.

Ce mode est usité surtout à la seconde et à la troisième personne. Rarement on le trouve employé à la première personne, excepté au futur.

Nous donnerons un exemple pour les différents temps de chacun de ces modes. (22. 48.)

MODE POTENTIEL.

126. — *Temps présent :* Amem. Cic., de Orat., l. iii., c. 1. « Ego te consulem *putem*, cum tu me non *putes* senatorem? »

Reconnaîtrai-je en vous un consul, lorsque vous

ne reconnaissez pas en moi un sénateur? c'est-à-dire, *pourrais-je reconnaître,* etc.

Imparfait : Amarem. Cic. pro C. Rab. Per., c. 8. 22. « Tu denique, Labiene, quid *faceres* tali in re ac tempore? » *Vous enfin, Labiénus, que feriez-vous dans une telle affaire, dans une semblable conjoncture?* c'est-à-dire, que *pourriez-vous* faire, etc.

Parfait : Amaverim. Tusc. V., c. 19. « Præcidi caput jussit M. Antonii, omnium eloquentissimi, quos ego *audierim*. » *Il fit couper la tête de M. Antoine, l'orateur le plus éloquent de tous ceux que j'ai entendus.*

Plus-que-parfait : Amavissem. Ce temps se trouve employé très-fréquemment. Cic. fam. lit, xii, ep. 22. 4. « Plura *scripsissem*, nisi tui festinarent. » *Je vous aurais écrit plus au long, si vos gens n'étaient pas si pressés.*

Futur : Amaverim. Cic. De leg. l. 1. c. 4. « Ego vero libenter *audierim*; quid enim agam potius? » *Je l'entendrai volontiers; que puis-je faire de mieux?*

MODE PERMISSIF OU CONCESSIF.

127. — *Temps présent :* Amem. Verr. Act. ii l. v. c. 1. « *Sit* fur, *sit* sacrilegus.... at bonus est imperator. » *Qu'il soit voleur, qu'il soit sacrilége... mais c'est un bon général.* C'est-à-dire, *j'accorde qu'il soit voleur....*

Parfait : AMAVERIM. Cic. Verr. Act., II l. 1, c. 14. « Malus civis, improbus consul, seditiosus homo Cn. Carbo fuit : *fuerit* aliis; tibi quando esse cœpit ? » *Que Cn. Carbon ait été un mauvais citoyen, un consul pervers, un séditieux; qu'il l'ait été pour les autres, soit; pour vous, quand a-t-il commencé à l'être.*

Plus-que-parfait : AMAVISSEM. Virg. Æn. l. IV., v., 600.

« Non potui abreptum divellere corpus....

. . . .

Verum anceps pugnæ fuerat fortuna; *fuisset!* » *Ne pouvais-je saisir son corps, le mettre en lambeaux.... mais l'issue du combat était douteuse; l'eût-elle été!*

Futur : AMAVERO. Cic. Acad. pr. l. II. c. 36. « Age, *restitero* peripateticis, qui sibi cum oratoribus cognationem esse, dicunt. » *Supposons que je résiste aux Péripatéticiens, qui prétendent avoir une certaine parenté avec les orateurs.*

§ IV. Abbréviations dans les Verbes.

128. — Les auteurs latins abrégent souvent la 2me personne du singulier, la 2me et la 3me personnes du pluriel du parfait de l'indicatif; ainsi ils disent :

Amasti	*pour*	Amavisti.
Amastis	—	Amavistis.
Audisti	—	Audivisti.
Audistis	—	Audivistis.

VERBES

Audierunt — Audiverunt.
Recreasti — Recreavisti.
Recrearunt — Recreaverunt.

La même chose a lieu dans les temps formés du parfait.

Amaram *pour* Amaveram.
Audieram — Audiveram.
Audiero — Audivero.
Amassem — Amavissem.
Audissem — Audivissem.

Ils abrègent la 1re et la 3e personne du singulier dans les verbes de la 3e et de la 4e conjugaison.

Petii *pour* Petivi.
Petiit — Petivit.
Perii — Perivi.
Petiit — Petivit.

Mais sur ce point comme sur les autres, il faut surtout consulter l'usage qui est le meilleur maître. Il y a en effet quelques abréviations auxquelles les bons auteurs préfèrent la forme ordinaire : ainsi ils diront plus volontiers

Munivi *que* Munii.
Audivi — Audii. (29)

CHAPITRE SECOND

GENRE DES NOMS

129. — On détermine le genre des noms de deux manières, par leur signification et par leur terminaison.

Art. I. — Genre déterminé par la signification des noms.

I. — NOMS MASCULINS

Sont du genre masculin :

1º Les noms qui conviennent au sexe masculin. Il y en a de trois sortes :

Les noms propres qui conviennent à chaque homme en particulier. Ex. Cato, *Caton;* Cicero, *Cicéron*.

Les noms appellatifs, qui conviennent à plusieurs hommes et expriment *la dignité, l'état, le métier,* etc. Ex. Senator, *le Sénateur,* tibicen, *le trompette,* auriga, *le cocher*.

Les noms des animaux mâles : Ex. aries, *le bélier,* lupus, *le loup*.

2º Les noms d'esprits qu'on représente sous la figure d'hommes, comme les *anges*, les *démons*, les *dieux* : Ex. S. Michael, *S. Michel;* Lucifer, *Lucifer;* Jupiter, *Jupiter*.

3º Les noms des *mois,* des *vents,* des *fleuves* et des *montagnes*.

Mois.	hic	Januarius,	Janvier.
	—	Aprilis,	Avril.
Vents:	—	Boreas,	Borée.
	—	Aquilo,	l'Aquilon.
Fleuves:	—	Sequana,	la Seine.
	—	Garumna,	la Garonne.
Montagnes:	—	Athos,	le mont Athos.
	—	Helicon,	le mont Hélicon.

Exceptions : Sont pourtant féminins :

hæc	Allia,	l'Allia,	rivière des Sabins.
	Albula,	l'Albula,	ancien nom du Tibre.
	Ætna,	le mont Etna,	volcan de Sicile.
	Ida,	le mont Ida,	en Crète.
	Æta,	le mont Æta,	en Thessalie.

4° Le nom As, *l'as romaine*, et tous les noms qui expriment des parties de l'as, ou ses multiples. Ex. Semis, *un demi-as*; Octussis, *huit as*; septunx, *sept onces*; excepté uncia, *l'once* qui est du féminin. (139).

II. — NOMS FÉMININS.

130. — Sont du genre féminin :

1° Les noms qui conviennent au sexe féminin, savoir :

Les noms propres de *femme* : Dido, *Didon*; Eulalia, *Eulalie*.

Les noms appellatifs qui ne conviennent qu'aux femmes. Ex. *hæc* Socrus, *la belle-mère*; *hæc* nutrix, *la nourrice*.

Les noms d'animaux femelles. Ex. *hœc* Leœna, *la lionne*, *hœc* vacca, *la génisse*.

2º Les noms propres des *déesses*, des *muses*, des *nymphes*, des *sirènes*, des *furies*, des *harpies* et de tous les esprits qu'on représente sous la figure de femmes : *hœc*, Juno, *Junon*; *hœc*, Alecto, *Alecton*, une des furies.

3º Les noms propres d'*îles*, de *villes*, de *pays*, de *navires*, de *poëmes* :

Ex. *hœc* Cyprus, *Chypre*; *hœc* Argo, le *navire des Argonautes*.
Carthago, *Carthage*; Ilias, l'*Iliade*.
Ægyptus, l'*Egypte*.

4º Les noms d'*arbres*. Ex. *hœc* Cupressus, le *cyprès*; pinus, le *pin*.

Excepté : *hic* Oleaster, l'*olivier sauvage*; *hoc* Acer, l'*érable*; *hoc* siler, l'*osier*; *hoc* robur, le *rouvre*; *hoc* suber, le *liége*. (140).

III. — NOMS NEUTRES.

131. — Sont du genre neutre :

1º Les noms indéclinables.

Ex. *hoc* Cœpe, l'*oignon*; *hoc* manna, *la manne*.
— Cornu, *la corne*; sinapi, *la moutarde*.
— Gummi, *la gomme*; virus, *le venin*.

Fas, *ce qui est permis*; Nefas, *ce qui n'est pas permis*.

2º Les lettres de l'alphabet et les autres parties du discours quand on les emploie comme substantifs. Ex. *A longum est. A est long. Scire tuum nihil est. Votre savoir n'est rien. Dulce et decorum est pro patria mori. Il est doux et glorieux de mourir pour la patrie.*

3° Les *mots* quand on ne les considère que comme des mots, sans faire attention au sens. Ex.: *Lux* est monosyllabum. *Le mot lux est un monosyllabe.* (149).

IV. — NOMS DES DEUX GENRES.

132. — On appelle *noms des deux genres*, certains substantifs qui, convenant aux deux sexes, sont masculins ou féminins selon le sexe auquel on les attribue :

hic	Bos,	*le bœuf;*	hæc bos, *la vache.*
—	Canis,	*le chien;*	— canis, *la chienne.*
—	Conjux,	*l'époux;*	— conjux, *l'épouse.*
—	Parens,	*le père;*	— parens, *la mère.*

Ajoutez les noms suivants :

hic, hæc	Adolescens,	*l'adolescent, l'adolescente.*
—	Affinis,	*le parent, la parente (par alliance).*
—	Antistes,	*le président, la présidente.*
—	Auctor,	*l'auteur, la femme auteur.*
—	Augur,	*l'augure, la devineresse.*
—	Civis,	*le citoyen, la citoyenne.*
—	Cliens,	*le client, la cliente.*
—	Comes,	*le compagnon, la compagne.*
—	Dux,	*le guide, la femme qui guide.*

hic, hæc	Hostis,	l'ennemi, l'ennemie.
—	Infans,	l'enfant.
—	Municeps,	le bourgeois, la bourgeoise.
—	Patruelis,	le cousin, la cousine.
—	Sacerdos,	le prêtre, la prêtresse.
—	Vates,	le devin, la prophétesse. (141)

V. — NOMS ÉPICÈNES.

133. — On appelle *noms épicènes* (επι κοινα, qui ont quelque chose au-dessus des noms communs), les noms d'animaux qui sous un même genre soit masculin, soit féminin, comprennent les deux sexes.

Ex. *Hic* lepus, le lièvre, mâle ou femelle.
     hæc vulpes, le renard, mâle ou femelle.

Ces noms reçoivent le genre qu'exige leur terminaison. (177).

APPENDICE.

134. — Pour déterminer le genre des noms, on fait souvent plus d'attention à leur terminaison qu'à leur signification. Ainsi on dit :

hæ	operæ,	les manœuvres.
	copiæ,	les troupes.
	vigiliæ, excubiæ,	les sentinelles.
	custodiæ,	les gardes.
hoc	mancipium,	l'esclave.
	jumentum,	la bête de somme.
hæc	auxilia,	les troupes auxiliaires

Art. II. — Genres déterminés par la terminaison des noms.

A, E, Æ.

135. — 1° Les noms en *a* et en *e* de la 1re déclinaison sont féminins ; ceux de la 3e sont neutres.

1re décl. *hæc* sagitta, *la flèche* ; *hæc* aloe, *l'aloès*.

3e décl. *hoc* stigma, *le stigmate* ; *hoc* monile, *le collier*.

Exceptions : *hic* Adria, *la mer Adriatique* ; *hic* cometa, *la comète* ; *hic* planeta, *la planète*.

Ajoutez encore : *hic* mammona, *l'argent* ; *hoc* Pascha, *la Pâque* ; *hoc* manna, *la manne*.

2° Les noms qui n'ont pas de singulier sont neutres, s'ils se terminent par *a* ou par *e* ; ils sont féminins, s'ils se terminent par *æ*. Ex.

hæc Bactra, *Bactres*.
hæc Tempe, *la vallée de Tempé*.
hæ Nuptiæ, *les noces*.

I.

136. — Les noms terminés en *i* au singulier sont neutres ; les noms terminés en *i* au pluriel sont masculins. Ex.

hoc Sinapi, *le sénevé* ; *hi* Parisii, *les Parisiens, Paris*.

O.

137. — Les noms en *o* sont masculins, comme *hic* Sulmo, *Sulmone* ; *hic* Narbo, *Narbonne*.

Les noms en *io* sont du féminin, lorsqu'ils expriment des notions abstraites, ou lorsqu'ils sont collectifs. Ex.

hæc Lectio, *la lecture*; *hæc* Legio, *la légion*.

Sont encore du féminin les quatre mots suivants :
hæc Caro, *la chair*; *hæc* echo, *l'écho*.
— Cœnatio, *la salle à manger*; portio, *la portion*.

DO, GO.

138. — Les noms terminés en *do* et en *go* sont du féminin. Ex.

hæc Dulcedo, *la douceur*; *hæc* Caligo, *le brouillard*.

Exceptions : 1° Pondo, *une livre*, est du neutre.

2° Sont du masculin :
hic Cardo, *le gond*.   *hic* Ligo, *le hoyau*.
— Cudo, *le casque en peau*. — Margo, *le bord*.
— Harpago, *le croc*.   — Ordo, *l'ordre*.

U, C, D, L, T.

139. — Les noms terminés par les lettres *u*, *c*, *d*, *l*, *t*, sont neutres. Ex.

hoc Gelu, *la gelée*.   *hoc* Mel, *le Miel*.
— Lac, *le lait*.   — Caput, *la tête*.
— Id, *cela*.

Sont cependant du masculin : *hic* sal, *le sel*; *hic* sol, *le soleil*.

UM.

140. — Les noms en *um* sont du neutre :
hoc Mancipium, *l'esclave*; *hoc* Saguntum, *Sagonte*.

Il faut cependant excepter de cette règle les noms propres d'hommes : *hic* Dinacium, *Dinace*.

AN, IN, ON.

141. — Les noms terminés par *an*, *in*, *on*, sont du masculin. Ex.

hic Pæan, *chant de victoire;* hic Delphin, *le dauphin;* hic Agon, *le combat.*

Exceptions : 1° Sont féminins : hæc sindon, *le suaire;* hæc aedon, *le rossignol;* hæc alcyon, *l'alcyon.*

2° Sont neutres, les mots en *on* de la 2e déclinaison. Ex.

hoc Ilion, *Troie;* hoc Pelion, *le mont Pélion.*

EN.

142. — Les mots en *en* sont neutres, comme hoc flamen, *le souffle;* hoc lumen, *la lumière.*
Excep. hic Hymen, *l'Hymen;* hic Pecten, *le peigne.*
— Lichen, *le lichen.* — Ren, renes, *les reins.*
Ajoutez-y : hic splen, hic lien, *la rate.*

Plusieurs autres sont encore masculins à cause de leur signification, comme : hic flamen, *le grand prêtre;* hic fidicen, *le joueur de flûte.* (196).

AR.

143. — Les noms en *ar* sont du neutre, comme hoc par, *la paire;* hoc nectar, *le nectar;* hoc calcar, *l'éperon.*

ER, OR.

144. — Les noms en *er* et en *or* sont masculins. Ex.

hic	Aer,	l'air.	hic	Color,	la couleur.
—	Æther,	l'éther.	—	Dolor,	la douleur.
—	Anser,	l'oie.	—	Mœror,	la tristesse.
—	Imber,	la pluie.	—	Pavor,	la peur.

Exceptions : 1° Sont du neutre :

hoc	Cadaver,	le cadavre.	hoc	Siser,	le chervi.
—	Cicer,	le pois chiche.	—	Tuber,	la tumeur.
—	Iter,	le voyage.	—	Uber,	le sein.
—	Papaver,	le pavot.	—	Ver,	le printemps.
—	Piper,	le poivre.	—	Verber,	le fouet.

2° Sont du féminin :

hæc arbor, *l'arbre*; hæc soror, *la sœur*; et hæc uxor, *l'épouse*. (197).

3° Sont du neutre :

hoc	Ador,	le blé.	hoc	Cor,	le cœur.
—	Æquor,	la mer.	—	Marmor,	le marbre.

UR.

145. — Les noms en *ur* sont neutres, comme hoc fulgur, *l'éclair*; hoc sulphur, *le soufre*.

Exception. Sont masculins, hic furfur, *le son*; hic vultur, *le vautour*; hic turtur, *la tourterelle*.

AS.

146. — Les noms en *as*, sont du féminin, comme hæc tempestas, *le temps*; hæc anas, *le canard, la cane*.

Exception : 1° Sont du neutre : hoc vas, vasis, *le vase*.

2° Sont du masculin : *hic* elephas, *l'éléphant ;* *hic* adamas, *le diamant.*

De plus, tous les noms grecs de la 1re déclinaison, comme *hic* tiaras, *la tiare.*

ES.

147. — Les noms en *es* sont du féminin, comme *hæc* quies, *le repos ; hæc* rupes, *le rocher ; hæc* vulpes, *le renard.*

Exceptions : Sont du masculin : 1° Les mots suivants :

hic Cespes, *le gazon.*   *hic* Paries, *la muraille.*
— Fomes, *le foyer.*   — Pes, *le pied.*
— Gurges, *le gouffre.*   — Poples, *le jarret.*
— Limes, *la limite.*   — Stipes, *le tronc d'arbre*
— Merges, *la gerbe.*   — Termes, *le rameau.*
— Palmes, *le sarment.* — Trames, *le sentier.*
     hi Vepres, *les buissons.*

2° Les mots grecs de la 1re et de la 3me déclinaison, comme *hic* cometes, *la comète ; hic* magnes, *l'aimant.*

Nota. Le mot *hic* meridies, *midi*, est aussi du masculin.

IS.

148. — Les noms terminés par *is* sont féminins, comme *hæc* navis, *le vaisseau.*

Exceptions : Sont masculins : 1° les mots suivants :

hic Collis, *la colline.*   *hic* Lapis, *la pierre.*
— Ensis, *l'épée.*   — Pulvis, *la poussière.*

2° Les mots terminés par *nis*, comme *hic* cinis, *la cendre; hic* finis, *la fin; hic* funis, *la corde.*
Sont encore du masculin :

hic Anguis,	*le serpent.*	*hic* Glis,	*le loir.*
— Aqualis,	*l'aiguière.*	— Mensis,	*le mois.*
— Axis,	*l'essieu.*	— Orbis,	*le monde.*
— Callis,	*le sentier.*	— Piscis,	*le poisson.*
— Canalis,	*le canal.*	— Sanguis,	*le sang.*
— Caulis,	*le chou.*	— Torris,	*le tison.*
— Cucumis,	*le concombre.*	— Unguis,	*l'ongle.*
— Fascis,	*le faisceau.*	— Vectis,	*le levier.*
— Follis,	*le ballon.*	— Vermis,	*le ver.*
— Fustis,	*le bâton.*	— Vomis,	*le soc de la charrue.*

Nota. hæc Cassis, idis, *le casque; hic* Cassis, is, *le filet.*

os.

149. — Les noms en *os* sont du masculin, comme *hic* flos, *la fleur; hic* mos, *la coutume; hic* ros, *la rosée.*

Exceptions. 1° Sont du féminin : hæc dos, *la dot;* hæc cos, *la pierre à aiguiser;* hæc arbos, *l'arbre.*

2° Sont du neutre :

hoc Argos,	*Argos.*	*hoc* Melos,	*le chant.*
— Chaos,	*le chaos.*	— Os, oris,	*la bouche.*
— Epos,	*l'épopée.*	— Os, ossis,	*l'os.*

US 2ᵉ et 4ᵉ.

150. — Les noms en *us* de la 2ᵉ ou de la 4ᵉ déclinaison sont masculins ; comme *hic* morbus, i, *la maladie; hic* exercitus, us, *l'armée.*

1ʳᵉ *Exception.* Sont du féminin :

hæc Acus, *l'aiguille.* hæc Humus, *la terre.*
— Alvus, *le ventre.* — Manus, *la main.*
— Carbasus, *la voile.* — Porticus, *le portique.*
— Colus, *la quenouille.* Tribus, *la tribu.*
— Domus, *la maison.* — Vannus, *le van.*
hæ Idus, *les Ides.*

2ᵉ *Exception.* Plusieurs mots grecs en ος ont passé dans la langue latine et ont gardé leur genre.

Sont du masculin : *hic* prologus, *le prologue;* hic paradisus, *le jardin.*

Sont du féminin : *hæc* methodus, *la méthode,* et les autres composés de οδος, comme *hæc* periodus, *la période; hæc* diphtongus, *la diphtongue; hæc* dialectus, *le dialecte; hæc* abyssus, *l'abîme.*

3ᵉ *Exception.* Sont du neutre : *hoc* virus, *le poison; hoc* pelagus, *la haute mer.*

US 3ᵉ.

151. — Les noms en *us* de la 3ᵉ déclinaison sont du neutre comme *hoc* pecus, pecoris, *le bétail.*

1ʳᵉ *Exception.* Sont du masculin :

1° *hic* Lepus, *le lièvre; hic* Mus, *la souris.*
2° Les composés de πούς, comme *hic* tripus, *le*

trépied. — On dit pourtant *hæc* lagopus, *le pied de lièvre* (plante).

2e *Exception*. Sont du féminin : 1° Les mots suivants :

hæc Incus, *l'enclume.*   *hæc* Salus, *le salut.*
— Palus, *le marais.*   — Tellus, *la terre.*
— Pecus, udis, *le bétail.*   — Virtus, *la vertu.*

2° En outre, les mots formés de *servus, juvenis, senex*, c'est-à-dire, hæc *servitus*, l'esclavage ; hæc *juventus*, la jeunesse ; hæc *senectus*, la vieillesse.

ÆS. AUS.

152. — Est du neutre : *hoc* æs, *l'airain.*

Sont du féminin : *hæc* laus, *la louange ; hæc* fraus, *la fraude.*

S.

153. — Les noms en *s* précédés d'une consonne sont féminins, comme *hæc* ars, *l'art ; hæc* frons, *le front ; hæc* hyems, *l'hiver ; hæc* sors, *le sort.*

1re *Exception*. Sont du masculin :

hic Dens, *la dent.*   *hic* Pons, *le pont.*
— Fons, *la fontaine.*   — Rudens, *le câble.*
— Mons, *la montagne.*

Ajoutez *hic* Triens, *le tiers de l'as ; hic* Quadrans, *le quart*, etc.

2e *Exception*. Sont encore du masculin les substantifs polysyllabes terminés par *ps*, comme *hic* hydrops, *l'hydropisie*. Cependant l'on dit *hæc* forceps, *la tenaille.*

X.

157. — Les noms terminés par *x* sont du féminin, comme *hæc* appendix, *l'appendice*; *hæc* perdix, *la perdrix*.

Sont masculins :

hic Bombyx, *le ver-à-soie.*   Grex, *le troupeau.*
— Fornix, *la voûte.*   Phœnix, *le phénix.*
— Calyx, *le calice des fleurs.*   Quincunx, *cinq onces.*
hic Calix, *le calice.*   Oryx, *la gazelle.*
— Coccyx, *le coucou.*   Varix, *la varice.*
— Onyx, *l'albâtre.*

AX, EX.

155. — Les noms de plus d'une syllabe en *ax* et en *ex* sont du masculin, comme *hic* Thorax, *la cuirasse*; *hic* apex, *le sommet.* Exceptez :

hæc Forfex, *les ciseaux.*   Supellex, *le mobilier.*
— Fornax, *la fournaise.*   Vibex, *la meurtrissure.*

Noms douteux.

Masc. ou fém.

156. — 1° Sont du masculin et du féminin :

Hic, Hæc.   Hic, Hæc.
Adeps, *la graisse.*   Phaselus, *la chaloupe.*
Dies, *le jour.*   Scrobs, *la fosse.*
Limax, *la limace.*   Torques, *le collier.*

2° Sont du masculin et du neutre :

Hic, Hoc.		*Hic, Hoc.*
Anxur,	Terracine.	Vulgus, *le peuple.*
Nar,	*le Nar.*	

Masc., qqf. fém.

157. — En poésie, on peut faire du féminin les noms masculins suivants :

Bubo,	*le hibou.*	Margo,	*le bord.*
Calx,	*le talon.*	Palumbes,	*le ramier.*
Cortex,	*l'écorce.*	Silex,	*le caillou.*

Fém., qqf. masc.

158. — En poésie on peut faire du masculin les noms féminins suivants :

Ales,	*l'oiseau.*	Lynx,	*le linx.*
Cupido,	*le désir.*	Penus,	*provisions de bouche.*
Dama,	*le daim.*	Talpa,	*la taupe.*
Linter,	*la barque.*	Volucris,	*l'oiseau.*

Adjectifs employés comme substantifs.

159. — L'adjectif devient en quelque façon substantif, lorsque son substantif est sous-entendu, et dans ce cas, il prend le genre de ce dernier. Ex.

Hic sonipes (equus), *le coursier;* hic oriens (sol), *l'est;* hic Tonans (Jupiter) *le roi du ciel.* — Mais on fera du féminin hæc continens (terra), *le continent.* (150).

CHAPITRE TROISIÈME.

REMARQUES SUR LES DÉCLINAISONS.

ART. I. — CAS SEMBLABLES.

160. — Les noms *neutres* ont trois cas semblables : le *nominatif,* le *vocatif* et *l'accusatif.*

Au pluriel, ces trois cas sont toujours terminés en *a,* excepté dans duo, *deux,* et ambo *tous les deux.*

Le *vocatif singulier* ressemble au nominatif singulier dans la 4e et la 5e déclinaison, ainsi que dans les noms de la 1re en *a :* sensus, o *sensus;* dies, o *dies;* musa, o *musa.*

Le *vocatif pluriel* est, dans toutes les déclinaisons, semblable au nominatif pluriel : musæ, o *musæ;* domini, o *domini;* sermones, o *sermones;* etc.

L'*ablatif pluriel* ressemble aussi au datif pluriel dans toutes les déclinaisons des substantifs et des adjectifs : musis, a *musis;* brevibus, a *brevibus;* etc.

ART. II. — NOMS COMPOSÉS.

1º QUADRUPES.

161. — Les noms composés se déclinent comme le nom simple qu'ils renferment.

Ainsi se déclinent sur *hic* pes, pedis, *le pied :*

hic Quadru-pes, pedis,   *quadrupède.*
— Bi-pes, pedis,   *bipède.*
hæc Com-pes, pedis,   *le fer qu'on met aux pieds.*

EXCEPTIONS.

Quelques noms composés se déclinent autrement que les noms simples qu'ils renferment ; tels sont les composés de :

hic sanguis, nis, *le sang*; exsanguis, is, e, *qui n'a plus de sang.*

hæc quies, etis, *le repos*;   *hæc* requies, ei *ou* tis, *le repos;*

hoc cornu, u, *la corne;*   *hic* capricornus, i, *le capricorne;*

hæc manus, us, *la main;*   *hic* centimanus, i, *qui a cent mains.*

2° TRIUMVIR.

162. — Dans les noms composés, on ne décline que le nom qui est au nominatif.

Ainsi l'on décline seulement *vir* dans *hic* triumvir, *le triumvir*, et *pater* dans *hic* paterfamilias, *le père de famille.*

Singulier.

N. trium-*vir,*	pater-*familias,*
V. o trium-*vir,*	o pater-*familias,*
G. trium-*viri,*	patris-*familias,*
D. trium-*viro,*	patri-*familias,*
Acc. trium-*virum,*	patrem-*familias,*
Abl. trium-*viro.*	patre-*familias.*

Pluriel.

N. trium-*viri*,	patres-*familias*,
V. o trium-*viri*,	o patres-*familias*,
G. trium-*virorum*,	patrum-*familias*,
D. trium-*viris*,	patribus-*familias*,
Acc. trium-*viros*,	patres-*familias*,
Abl. trium-*viris*.	patribus-*familias*.

Remarque. *Familias* est une ancienne forme de génitif pour *familiæ*.

AINSI SE DÉCLINENT :

hæc Mater-familias, matris-familias, *la mère de famille.*
hoc Senatus-consultum, i, *le sénatus consulte.*
hic Juris-consultus, i, *le jurisconsulte.*
— Juris-peritus, i, *le jurisconsulte.*

3₀ RESPUBLICA.

163. — Quand un nom est composé de deux noms qui sont tous deux au nominatif, on décline l'un et l'autre chacun suivant sa déclinaison.

Tels sont :
hæc res-publica, *la république* (la chose publique).
hoc jus-jurandum, *le serment* (le droit qu'il faut affirmer avec serment).

Singulier.

N. res-publica,	jus-jurandum,
V. o res-publica,	o jus-jurandum,
G. rei-publicæ,	juris-jurandi,
D. rei-publicæ,	juri-jurando,
Acc. rem-publicam,	jus-jurandum,
Abl. re-publica.	jure-jurando.

Pluriel.

N. res-publicæ,	jura-juranda,
V. o res-publicæ,	o jura-juranda,
G. rerum-publicarum,	jurium-jurandorum,
D. rebus-publicis,	juribus-jurandis,
Acc. res-publicas,	jura-juranda,
Abl. rebus-publicis.	juribus-jurandis.

EXCEPTION.

Dans *alteruter, tra, trum* (*l'un ou l'autre*), on ne décline que *uter : alterutr-ius; alterutr-i; alterutr-um, am, um; alterutr-o, a, o.*

Cependant l'on trouve quelquefois *alterius utrius* au génitif singulier. (179).

ART. III. — 1re DÉCLINAISON.

NOMINATIF.

164. — Les noms de la 1re déclinaison se terminent en *a, e, as, es.*

Les noms en *a*, sont ou latins ou grecs, comme *hæc* victoria, *la victoire; hæc* Ægina, *l'île d'Égine,* (du grec Αἰγίνη.)

Les noms en *e, as, es,* sont d'origine grecque.
Exemple :
hæc Musice, *la musique,* (de ἡ μουσική).
hic Æneas, *Énée,* (— ὁ Αἰνείας).
— Cometes, *la comète,* (— ὁ κομήτης).

I. — Noms latins.

165. — Le *vocatif singulier* de la 1re déclinaison est semblable au nominatif : mus-a, o *mus-a.*

SUR LES DÉCLINAISONS

Le *datif* et l'*ablatif* du *pluriel* sont en *is* : *mus-is*.

EXCEPTION.

Le datif et l'ablatif du pluriel sont en *abus* :
1° Dans *duabus* et *ambabus* (42).
2° Dans certains noms féminins qu'on ne pourrait autrement distinguer de leurs correspondants masculins.

Anima,	*l'ame.*	Famula,	*la servante.*
Asina,	*l'anesse.*	Filia,	*la fille.*
Dea,	*la déesse.*	Liberta,	*l'affranchie.*
Domina	*la maitresse.*	Mula,	*la mule.*
Equa,	*la jument.*	Nata,	*la fille.*

II. — Noms grecs.

166. — Les noms grecs en *a* se déclinent comme *musa;* ceux en *e, as, es,* se déclinent de la manière suivante.

Singulier.

N. musice,	Æneas,	cometes,
V. o musice,	o Ænea,	o comete,
G. musices,	Æneæ,	cometæ,
D. musice,	Æneæ,	cometæ,
Acc. musicen,	Ænean, am,	cometen, am,
Abl. musice.	Ænea.	comete.

Au pluriel, ils se déclinent comme *mus-æ*, c'est-à-dire, *comet-æ, arum, is, as, is.*

DÉCLINEZ :

SUR **Musice** :   SUR **Æneas** :

hæc Epitome, es, *l'abrégé.* *hic* Boreas, æ, *Borée.*

— Libye, es, *la Libye*. — Messias, æ, *le Messie*.
— Rhetorice, es, *la rhétorique*. — Epaminondas, æ. *Epaminondas*.
— Grammatice, es, *la grammaire*.

SUR **Cometes.**

hic Anchises, æ, *Anchise*.
— Philoctetes, æ, *Philoctète*.
— Spartiates, æ, *le Spartiate*.
— Priamides, æ, *le fils de Priam* et tous les *noms patronymiques* en *des*.

167. — On appelle *nom patronymique*, un nom commun aux fils et aux descendants d'une même race, ou commun aux habitants d'un endroit, et formé du nom du père, ou de celui de l'endroit. Tels sont :

hic Pelides, æ, *le fils de Pélée*, Achille.
hi Romulidæ, arum, *les descendants de Romulus*.
hæc Ilias, adis, *la Troyenne*.

1re REMARQUE : Beaucoup de noms en *e* et *es* sont aussi terminés en *a*, et suivent la déclinaison latine. Ainsi l'on dit :

hæc musice, es. . . et *hæc musica, æ, am, a*.
hic cometes, æ. . . et *hic cometa, æ, am, a*.

2e REMARQUE : Plusieurs noms en *es* suivent la 3e déclinaison, surtout en prose.

Ex. *hic Aristides, æ* et *is*, Aristide.
— *Orestes, æ* et *is*, Oreste.

De là vient leur accusatif en *em* : *Orest-em, Pylad-em*, etc.

APPENDICE.

On trouve chez les poètes le génitif singulier terminé par *ai*. Ex. Aulai pictai, *pour* aulæ pictæ.

Virgil., lib. 9. Dives equûm, dives pictai vestis, et auri.
(182.)

ART. IV. — 2° DÉCLINAISON.

NOMINATIF.

168. — La 2e déclinaison comprend des noms latins en *er, ir, ur, us, um*; et des noms d'origine grecque, terminés en *os, on* et *eus*.

NOMS LATINS.	NOMS GRECS.
hic Liber, ri, *le livre*.	hæc Delos, i, *l'île de Délos*.
— Vir, viri, *l'homme*.	hoc Pelion, i, *le mont Pélion*.
Satur, a, um, *rassasié*.	hic Orpheus, ei, *Orphée*.
hic Populus, i, *le peuple*.	
hoc Templum, i, *le temple*.	

I. Noms latins.

SINGULIER. — VOCATIF.

169. — Le *vocatif* singulier des noms latins en *us* est régulièrement en *e* : Dominus, o *Domine*; fluvius, o *fluvie*.

Excep. : Hic filius, et les noms propres romains en *ius* contractent *ie* en *i* : o *fili*, ô mon fils ! o *Publi Corneli Scipio*, ô Publius Cornélius Scipion !

Meus fait *mi* : o *fili mi*, ô mon fils !

Dans *Deus* et dans les noms terminés en *er, ir, ur*, le vocatif est semblable au nominatif : o *Deus* ! o *liber* ! o *vir* ! o *satur* !

GÉNITIF.

170. — Le *génitif* singulier est en *i*, et a presque toujours autant de syllabes que le nominatif :
Populus, *populi* ; liber, *libri* ; templum, *templi*.

EXCEPTIONS.

Le génitif est *imparisyllabique :*

1° Dans *alter, solus, totus, unus,* et autres, qui font *alterius, solius,* etc.

2° Dans les noms en *ir, ur :* vir, *viri ;* satur, *saturi.*

3° Dans les noms suivants en *er,* qui, comme *puer, pueri,* conservent la lettre *e* du nominatif :

SUBSTANTIFS.	ADJECTIFS.
Celtiber, eri, *le Celtibérien.*	Asper, a, um ; i, *âpre.*
Gener, eri, *le gendre.*	Gibber, a, um ; i, *bossu.*
Iber, eri, *l'Ibérien.*	Lacer, a, um ; i, *mutilé.*
Liber, eri, (nom de Bacchus).	Liber, a, um ; i, *libre.*
Presbyter, eri, *le prêtre.*	Miser, a, um ; i, *malheureux.*
Puer, eri, *l'enfant.*	Prosper, a, um ; i, *heureux.*
Socer, eri, *le beau-père.*	Tener, a, um ; i, *tendre.*

Ajoutez les substantifs et adjectifs composés des verbes Fero et Gero, *porter,* comme *hic* signifer, eri, *le porte-enseigne ; hic* armiger, eri, *l'écuyer.*

On dit *dexter, tra, trum ;* et *dexter, era, erum.*

PLURIEL.

171. — Les cas du pluriel sont en *i, orum, is, os, is ; a, orum,* etc. : *domini, orum,* etc. ; *templa, orum,* etc.

SUR LES DÉCLINAISONS 247

Le mot *Deus* est irrégulier au pluriel.

Singulier.		Pluriel.	
N.	Deus, *Dieu*.	dii *ou* di,	*les dieux*.
V.	o Deus, *ô Dieu*.	o dii *ou* di,	*ô dieux*.
G.	Dei, *de Dieu*.	deorum,	*des dieux*.
D.	Deo, *à Dieu*.	diis *ou* dis,	*aux dieux*.
Acc.	Deum, *Dieu*.	deos,	*les dieux*.
Abl.	Deo, *de Dieu*.	diis *ou* dis,	*des dieux*.

II. Noms grecs.

172. — Les noms grecs en *os* se déclinent comme *dominus*, et ceux en *on* comme *templum*; à l'accusatif singulier ils ont *on* ou *um* :

Delos, acc. *Delon* et *Delum*;
Ilion, — *Ilion* et *Ilium*.

Les noms grecs en *eus* (ευς) se déclinent aussi comme *dominus*, excepté au vocatif où ils perdent la lettre *s* : Orpheus, *Orphée*; o Orpheu !

Ils conservent quelquefois la déclinaison grecque tout entière : Orpheus, eos, ei, ea.

REMARQUE : *Hæc* Delos, *l'île de Délos*; *hoc* Ilion, *Ilion ou Troie*; *hic* Orpheus, *Orphée*, servent de modèles aux autres noms en *os*, *on* et *eus*.

Singulier.

N.	Delos *et* us,	Ilion *et* um,	Orpheus,
V.	o Dele,	o Ilion *et* um,	o Orpheu,
G.	Deli,	Ilii,	Orphei *et* eos,
D.	Delo,	Ilio,	Orpheo *et* ei,
Acc.	Delon *et* um,	Ilion *et* um,	Orpheum *et* ea,
Abl.	Delo.	Ilio.	Orpheo.

Les noms qui ont un pluriel, se déclinent comme *domini*, *orum*, etc. Ainsi *hic*, *hæc barbitos* et *us*, *i*, la lyre, fait au pluriel : *barbiti, orum, is, os, is.*

173. 1ᵉ REMARQUE : Les noms qui changent εος en *eus*, ont le vocatif en *e*; comme *hic Timotheus*, Timothée, *o Timothee*. Il ne faut donc pas les confondre avec les noms en *eus* qui viennent de la terminaison ευς.

2ᵉ REMARQUE : Quelques noms propres grecs en *os* conservent en latin la déclinaison attique ως, ω, ῳ, ω, comme *hic* Androgeos, *Androgée*.

N.   Androgeos,   D.   Androgeo,
V.   o Androgeos,   Acc. Androgeon *et* Androgeo,
G.   Androgei *et* Androgeo, Abl. Androgeo. (185)

ART. V. — 3ᵉ DÉCLINAISON.

I. Singulier.

NOMINATIF.

174. — Les noms de la 3ᵉ déclinaison sont latins ou grecs. Leur *nominatif* se termine par les voyelles *a, e, o, y*, et par les consonnes *c, l, n, r, s, t, x.*

VOCATIF.

Le *vocatif* est semblable au nominatif : sermo, o *sermo*; Pallas, o *Pallas*; Socrates, o *Socrates*; heros, o *heros*.

REMARQUE : Les noms propres grecs en *es*, comme *Socrates, Chremes, Achilles, Ulysses*, peuvent avoir le vocatif en *e*, d'après la 1ʳᵉ déclinaison : o *Socrate*, o *Chreme*, o *Achille*, o *Ulysse*.

EXCEPTIONS.

Au vocatif on retranche l's finale :

1° aux noms grecs en *is*, *ys* : *hic* Mœris, o *Mœri*; *hæc* Tethys, o *Tethy*; *hæc* Amaryllis, *idis*, o *Amarylli*; *hic* Simois, o *Simoi*.

2° En poésie, aux noms grecs en *as*, *antis* : Calchas, antis, o *Calcha*.

REMARQUE : Les Latins disent quelquefois : o *Paris*, o *Calchas*, o *Simois*, etc., en imitant le dialecte attique. (190)

GÉNITIF.

175. — Le *génitif latin* de la 3e déclinaison est toujours en *is*, que le nom soit latin ou grec : *sermo, sermonis; heros, herois; Iris, Iridis*.

Le *génitif grec* est en *os* : *hæc metamorphosis, eos*, la métamorphose ; *hæc Æneis, idos*, l'Énéide.

Il est en *us* dans les noms féminins grecs en ω, comme *hæc Calypso, -us, hæc echo, -us*, l'écho.

176. — **Tableau des terminaisons avec leur génitif.**

A	fait *atis*......	hoc	poem-a, poem-atis...	*le poëme.*
E	— *is*........	—	mar-e, mar-is......	*la mer.*
O	— { *onis*......	hic	serm-o, serm-onis...	*le discours.*
	inis......	—	hom-o, hom-inis....	*l'homme.*
	inis { *do* f.	hæc	grand-o, grand-inis..	*la grêle.*
	{ *go* f.	—	imag-o, imag-inis...	*l'image.*
	enis......	hic	Ani-o, Ani-enis.....	*l'Anio.*
	us.......	hæc	Calyps-o, Calyps-us.	*Calypso.*
Y	— *yos*......	hoc	mis-y, mis-yos......	*le champignon.*
C	— { *cis*......	—	hale-c, hale-cis.....	*la saumure.*
	{ *ctis*......	—	la-c, la-ctis........	*le lait.*

REMARQUES

L	— *lis*......	hic so-l, so-lis.........	*le soleil.*
R	— *ris*......	hoc ve-r, ve-ris,........	*le printemps.*
X	{ *cis*......	hæc ar-x, ar-cis.........	*la citadelle.*
	gis.....	hic gre-x, gre-gis.......	*le troupeau.*
AN	— *anis*.....	— Tit-an, Tit-anis.....	*Titan.*
EN	{ *enis*......	hæc Sir-en, Sir-enis.....	*la Sirène.*
	inis......	hoc lum-en, lum-inis....	*la lumière.*
IN	— *inis*......	hic delph-in, delph-inis.	*le dauphin.*
ON	{ *onis*......	hæc Babyl-on, Babyl-onis.	*Babylone.*
	ontis.....	hic Xenoph-on, -ontis...	*Xénophon.*
AS	{ *atis*......	hæc piet-as, piet-atis....	*la piété.*
	adis.....	— Pall-as, Pall-adis....	*Minerve.*
	antis.....	hic gig-as, gig-antis.....	*le géant.*
ES	{ *is*.......	hæc vulp-es, vulp-is.....	*le renard.*
	etis......	— qui-es, qui-etis.....	*le repos.*
	itis......	hic mil-es, mil-itis.....	*le soldat.*
IS	{ *is*.......	hæc clav-is, clav-is......	*la clef.*
	idis.....	hic lap-is, lap-idis......	*la pierre.*
	itis.....	hæc l-is, l-itis.........	*la dispute.*
OS	{ *oris*......	hic fl-os, fl-oris.........	*la fleur.*
	otis......	hæc d-os, d-otis........	*la dot.*
US	{ *eris*......	hoc scel-us, scel-eris....	*le crime.*
	oris......	— corp-us, corp-oris...	*le corps.*
	uris......	— r-us, r-uris........	*la campagne.*
	udis f....	hæc pal-us. pal-udis.....	*le marais.*
	utis f....	— sal-us, sal-utis......	*le salut.*
YS	— *yis, yos*..	— chel-ys, -yis, -yos..	*la tortue.*
UT	— *itis*......	hoc cap-ut, cap-itis.....	*la tête.*
BS	— *bis*......	hæc ur-bs, ur-bis.......	*la ville.*
LS	— *ltis*......	— pu-ls, pu-ltis.......	*la bouillie.*
MS	— *mis*......	hæc hye-ms, hye-mis....	*l'hiver.*
NS	{ *ntis*......	— fro-ns, fro-ntis......	*le front.*
	ndis.....	— fro-ns, fro-ndis.....	*le feuillage.*
RS	— *rtis*.....	— a-rs, a-rtis.........	*l'art.*

177. — Liste des principales exceptions.

hoc Æs,	æris,	*l'airain.*
Anceps,	ancipitis,	*douteux.*
hic As,	assis,	*l'as.*
— Auceps,	aucupis,	*l'oiseleur.*
— Bos,	bovis,	*le bœuf.*
hæc Caro,	carnis,	*la chair.*
hic Cinis,	cineris,	*la cendre.*
hoc Cor,	cordis,	*le cœur.*
Discors,	discordis,	*discordant.*
hoc Ebur,	eboris,	*l'ivoire.*
— Fel,	fellis,	*le fiel.*
hæc Fraus,	fraudis,	*la fraude.*
hic Heros,	herois,	*le héros.*
hoc Iter,	itineris,	*le chemin.*
hic Jupiter,	Jovis,	*Jupiter.*
hæc Laus,	laudis,	*la louange.*
hoc Mel,	mellis,	*le miel.*
hæc Merces,	mercedis,	*la récompense.*
— Nix,	nivis,	*la neige.*
— Nox,	noctis,	*la nuit.*
hoc Os,	ossis,	*l'os.*
hic Pes,	pedis,	*le pied.*
— Præses,	præsidis,	*le président.*
— Pulvis,	pulveris,	*la poussière.*
hoc Robur,	roboris,	*le force.*
hic Sanguis,	sanguinis,	*le sang.*
— Senex,	senis,	*le vieillard.*
hoc Vas,	vasis,	*le vase.*

De plus, les noms en *ber, cer* et *ter* retranchent l'e au génitif: *frater, ris*; à l'exception de *later, puber, uber* et *acer* (l'érable) qui sont réguliers.

La plupart des polysyllabes en *ex* font *icis*: hic *silex, silicis, le caillou.*

ACCUSATIF.

I. — Accusatif latin.

178. — L'*accusatif latin* est en *em* : *sermonem, Hectorem.*

EXCEPTIONS. — 1° ACC. EN **im**.

Sept noms féminins ont l'accusatif en *im*:

hæc	Amussis, is,	*le cordeau*.....	Acc.	amussim.
—	Buris, is,	*le manche de charrue.*	—	burim.
—	Ravis, is,	*l'enrouement.*....	—	ravim.
—	Securis, is.	*la hâche.*......	—	securim.
—	Sitis, is,	*la soif.*.......	—	sitim.
—	Tussis, is,	*la toux.*......	—	tussim.
—	Vis, vis,	*la force*.......	—	vim.

179. — L'accusatif est encore en *im* dans beaucoup de noms propres de fleuves et de villes en *is, is*. Ex.

hic	Araris,	is, *la Saône*.....	Acc.	Ararim.
—	Tigris,	is, *le Tigre..*....	—	Tigrim.
—	Tiberis,	is, *le Tibre*.....	—	Tiberim.
hæc	Hispalis,	is, *Séville.*.....	—	Hispalim.
—	Neapolis,	is, *Naples.*.....	—	Neapolim.

2° ACC. EN **em** OU **im.**

180. — Sept noms féminins ont l'accusatif en *em* ou *im*.

hæc	Clavis, is, *la clef.*....	Acc.	clavem *ou* clavim.
—	Febris, is, *la fièvre.*...	—	febrem *ou* febrim.
—	Navis, is, *le vaisseau.* .	—	navem *ou* navim.
—	Pelvis, is, *le bassin* ..	—	pelvem *ou* pelvim.
—	Puppis, is, *la poupe* ..	—	puppem *ou* puppim.
—	Restis, is, *la corde...*	—	restem *ou* restim.
—	Turris, is, *la tour...*	—	turrem *ou* turrim.

II. Accusatif grec.

181. — L'accusatif grec est en *a*: Hector, *Hectora;* hic aer, *l'air*, aera.

EXCEPTIONS. 1° ACC. EN **o**.

Les noms grecs en *o* ont l'accusatif semblable au nominatif : *Calypso*.

2° ACC. EN **in** OU **im**.

Les noms grecs en *is*, *is*, dont le génitif ος en grec est précédé d'une voyelle, ont l'accusatif en *in*, (grec), ou en *im*, (latin):

hæc *Charybdis*, *is* (ἡ Χάρυβδ-ις, εως,). Charybde;
Acc. *Charybdin* ou *Charybdim*.

3° ACC. EN **yn** OU **ym**.

Les noms grecs en *ys*, (υς), font plus souvent *yn* que *ym* à l'accusatif :

hic *Halys*, *yis* ou *yos*, l'Halys, *fleuve de l'Asie-Mineure;*
Acc. *Halyn* ou *Halym*.

4° ACC. EN **in**, **im**, **em** ET **a**.

Les noms en *is* qui sont imparisyllabiques en grec, ont quatre formes d'accusatif, savoir *in*, *im*, *em* et *a* :

hic Paris, idis (ὁ Πάρ-ις, ιδος,), *Pâris*.
Acc : Parin, Parim, Paridem, Parida.

Cependant les noms qui en grec portent l'accent sur la dernière syllabe, ont l'accusatif en *a* seulement :

hæc Amaryllis, idis (ἡ Ἀμάρυλλ-ις, ιδος,), *Amaryllis;*
Acc. : Amaryllida.

Remarque. Les terminaisons grecques *in* et *a* sont employées surtout par les poètes. (189)

ABLATIF.

182. — L'*ablatif* singulier est en *e* : *sermone, Hectore, paupere.*

EXCEPTIONS. — 1° **abl.** EN **i**.

L'ablatif est en *i* :

1° Dans les noms qui ont l'accusatif en *im* ou *in* :
hæc Sitis, is, im........... *la soif;* Abl. Siti.
— Charybdis, is, im *ou* in, *Charybde;* Charybdi.

2° Dans les noms neutres en *al, ar, e* :
Ex. *hoc* Animal, is, *l'animal*.... Abl. animali.
    — Calcar, is, *l'éperon*.... — calcari.
    — Mare, is, *la mer*...... — mari.

Remarque. Cependant l'ablatif est en *e* dans les noms :

hoc Far, ris, *la fleur de farine.* Jubar, is, *l'éclat.*
— Baccar, is, *la digitale.*   Nectar, is, *le nectar.*

Ajoutez *hoc* Soracte, is, *le mont Soracte*, et les noms propres de villes en *e*.

3° Dans les noms de mois parisyllabiques en *is* et en *er*, comme :

hic Aprilis, is...... *Avril*........ Abl. Aprili.
— September, ris, *Septembre*.. — Septembri.

4° Dans les adjectifs dont le neutre est en *e* :
    Brevis, is, e, *bref*... Abl. brevi.
    Acer, ris, re, *âcre*... — acri.

5° Dans les noms communs formés d'adjectifs en *is*, comme :

hic Ædilis, is,   *l'édile*.......... Abl. ædili.
hæc Bipennis, is,   *la hâche*........ — bipenni.
hic Familiaris, is, *l'ami*............ — familiari.
— Sodalis, is,   *le compagnon*.. — sodali.
hæc Triremis, is, *galère à trois* — triremi.
                  rangs de rames.

Ajoutez les noms de villes ou de pays, indiquant l'origine, comme hic Atheniensis, is, *l'Athénien*, Atheniensi.

Cependant, lorsque les adjectifs de la 3e déclinaison deviennent noms propres d'hommes, ils ont toujours l'ablatif en *e* :

hic Juvenalis, is, *Juvénal*, Abl. Juvenale.
— Clemens, tis,   *Clément*, — Clemente.
— Felix, icis,   *Félix*, — Felice.

6° Enfin, l'ablatif est en *i* dans les mots suivants :

hic Canalis, is,   *le canal*,   Abl. canali.
hæc Strigilis, is, *l'étrille*,   — strigili.
Memor, oris,   *qui se souvient*, — memori.
Plus, pluris,   *plus*,   — pluri.
Ultrix, icis,   *vengeresse*, — ultrici.
Victrix, icis,   *victorieuse*, — victrici.

2° ABL. EN i OU e.

183. L'ablatif est en *i* ou *e* :
1° Dans les noms qui à l'accusatif ont *em* ou *im* ;

hæc Navis, is, em *et* im, *le vaisseau;* Abl. nave, navi.

2º Dans les quatre mots suivants :
hic Amnis, is, *le fleuve,* Abl. amne, amni.
    Ignis, is, *le feu,* — igne, igni.
    Imber, ris, *la pluie,* — imbre, imbri.
hæc Suppellex, ectilis, *le mobilier,* — suppellectile
ou i.

3º L'ablatif est encore en *i* ou en *e* dans beaucoup d'adjectifs imparisyllabiques, comme *felix, felice* ou *felici*.

REMARQUE : La terminaison *i* se rencontre ordinairement dans *ingenti, majori* et *minori*.

Cependant l'ablatif est bien plus souvent en *e* dans les adjectifs en *ns*, dans les participes présents et dans les comparatifs. Ainsi l'on trouve ordinairement : *prudente*, de *prudens; absente*, de *absens; faciliore*, de *faciliör, ius*. (191)

II. Pluriel.

NOMINATIF.

184. — Le *nominatif* pluriel, latin et grec, est en *es*, dans les noms masculins et féminins : *sermones, heroes, virtutes*.

Dans les noms neutres, le *nominatif,* le *vocatif* et l'*accusatif* du pluriel sont en *a*, si l'ablatif singulier est en *e* seulement; en *ia*, si l'ablatif est en *i*, ou à la fois en *i* et en *e* :

hoc Tempus, oris, ore, *le temps;* (nom. pl.) tempora.
— Mare, is, i, *la mer;* — maria.
    Felix, cis, ce *ou* ci, *heureux;* — felicia.

Exception : Cependant les comparatifs et l'adjectif *vetus* ont toujours le pluriel neutre en *a* :

Major, us, oris, *plus grand;* (nom. pl. n.) majora.
Plus, — uris, *plus;* — plura.
Vetus, — eris, *ancien;* — vetera.

GÉNITIF.

185. — Le *génitif* pluriel *latin* est en *um* : *sermonum, temporum.*

Le *génitif* pluriel *grec* est en *on* (ων) : *epigrammaton,* de hoc *epigramma, atis,* l'épigramme.

EXCEPTIONS. — GÉN. PL. EN **ium**.

Le génitif pluriel est en *ium* :

1° Dans les noms en *ns* : *serpens*, serpentium.
2° Dans les noms *parisyllabiques* en *s* :

hic Collis, is, *la colline;* gén. pl. collium.
hæc Clades, is, *la défaite;* — cladium.

3° Dans les mots dont l'ablatif est en *i*, ou en *i* et en *e*, excepté dans les comparatifs :
hoc Animal, i, *l'animal,* gén. pl. animalium.

Felix, ci *ou* ce, *heureux,* — felicium.
Major, i *ou* e, *plus grand,* — majorum.

4 Dans les *monosyllabes* terminés par deux consonnes :

hæc Ars, artis, *l'art,* gén. pl. artium.
— Arx, arcis, *la citadelle,* — arcium.
hic Fons, fontis, *la fontaine,* — fontium.

5° Dans les noms qui ne s'emploient qu'au pluriel :

hæ Alpes, *les Alpes;* gén. Alpium.
hi Manes, *les mânes;* — manium.

6° Enfin, dans les noms suivants :

hic As, assis, *l'as;* gén. pl. assium.
hæc Caro, carnis, *la chair;* — carnium.
— Cohors, cohortis, *la cohorte;* — cohortium.
hic Glis, gliris, *le loir;* — glirium.
— Linter, lintris, *la nacelle;* — lintrium.
hæc Lis, litis, *le procès;* — litium.
— Mas, maris, *mâle;* — marium.
hic Mus, muris, *le rat;* — murium.
hæc Nix, nivis, *la neige;* — nivium.
— Nox, noctis, *la nuit;* — noctium.
hoc Os, ossis, *l'os;* — ossium.
hic Quiris, Quiritis, *le Romain;* (g. pl.) Quiritium.
— Uter, utris, *l'outre;* — utrium.
— Venter, ventris, *le ventre;* — ventrium.

Joignez-y les noms de peuples et de pays terminés en *as* ou en *is*, comme :

hic Arpinas, atis, *le citoyen d'Arpinum;* (g. pl.) Arpinatium.
— Samnis, itis, *le Samnite;* — Samnitium.

186. — 1re *Remarque.* Le génitif pluriel est inusité dans les noms *cor, cos, dos, fel, jus,* (le jus), *lux, mel, nex, os (oris), pus, rus, sal, thus, vas (vadis),* et quelques autres.

SUR LES DÉCLINAISONS

2e *Remarque.* Les noms suivants ont le génitif en *um* :

hic Canis, is,	*le chien ;*	(gén. pl.)	canum.
hi Cœlites,	*les habitants du ciel ;*	—	cœlitum.
hic Juvenis, is,	*le jeune homme ;*	—	juvenum.
hæc Lynx, cis,	*le lynx ;*	—	lyncum.
hæ Opes,	*les richesses ;*	—	opum.
hic Panis, is,	*le pain ;*	—	panum.
hic, hæc Parens, tis,	*le père et la mère ;*	—	parentum.
hi Primores,	*les premiers ;*	—	primorum.
— Proceres,	*les grands ;*	—	procerum.
hæc Strues, is,	*l'amas ;*	—	struum.
hic Vates, is,	*le poëte ;*	—	vatum.

Les adjectifs suivants ont aussi le génitif en *um* :

Degener, is,	*dégénéré ;*	(gén. pl.)	degenerum.
Dives, itis,	*riche ;*	—	divitum.
Inops, is,	*indigent ;*	—	inopum.
Memor, is,	*qui se souvient ;*	—	memorum.
Particeps, ipis,	*participant ;*	—	participum.
Supplex, icis,	*suppliant ;*	—	supplicum.
Uber, eris,	*fertile ;*	—	uberum.
Vetus, eris,	*vieux ;*	—	veterum.

Ajoutez *artifex, icis,* et les autres composés de *facio.*

187. — 3e REMARQUE : hæc Palus, udis, *le marais,* et hæc fornax, acis, *la fournaise,* ont le génitif pluriel en *ium* et en *um.*

L'adjectif volucer, ris, re, *ailé,* fait volucri, *abl. ;* volucrium, *gén. plur. ;* mais le substantif hæc volucris, is, *l'oiseau,* fait volucre, *abl. ;* volucrum, *gén. pl.*

L'adjectif fait l'ablatif en *i* pour le distinguer du neutre qui est en *e,* volucre ; ce qui n'a pas lieu dans les substantifs.

DATIF ET ABLATIF.

188. — Le *datif* et l'*ablatif* sont en *ibus :* ser-monibus, heroibus.

Cependant *bos, bovis,* fait *bobus* ou *bubus.*

Les noms neutres grecs en *a, atis,* ont le datif et l'ablatif pluriels en *ibus,* et plus souvent en *is :*

hoc poema, atis, le *poëme :* poematis *et* poematibus.

ACCUSATIF.

189. — L'*accusatif* pluriel *latin* est en *es :* sermones, heroes.

L'*accusatif* pluriel *grec* est en *as:* heroas.

REMARQUE : L'accusatif pluriel latin se terminait anciennement en *is* ou en *eis* dans plusieurs noms dont le génitif pluriel est en *ium,* comme :

Alpis *et* Alpeis, *les Alpes.* Sardis *et* Sardeis, *Sardes.*
Syrtis *et* Syrteis, *les Syrtes.* Trallis *et* Tralleis, *Tralles.* (193)

ART. VI. — 4ᵉ DÉCLINAISON.

190. — Le *génitif* singulier est en *us :* sensus, sensus.

Le *datif* et l'*ablatif* pluriels sont en *ibus :* sensibus.

EXCEPTIONS. — DAT. ET ABL. EN **ubus.**

Les six noms suivants ont *ubus* au datif et à l'ablatif pluriels :

hic Arcus, us,	*l'arc ;*	dat. et abl. pl.,	arcubus.
— Artus, us,	*le membre ;*	—	artubus.
— Lacus, us,	*le lac ;*	—	lacubus.

hic Partus, us,   *l'enfantement*; dat. et abl. pl. partubus.
hæc Specus, us,   *la caserne*;   —   specubus.
— Tribus, us,   *la tribu*;   —   tribubus.

REMARQUE: *hic* Portus, us, *le port*, fait portibus et portubus. *hic* Questus, us, *la plainte*, fait ordinairement questibus, quelquefois questubus. (194).

ART. VII. — SYNCOPES.

191. — Le *génitif pluriel* de presque toutes les déclinaisons perd souvent une syllabe, surtout en poésie; ce retranchement s'appelle *syncope* (du grec συγκοπή, σύν-κόπτω).

I. — Syncopes de la 1re déclinaison.

Dans la 1re déclinaison, le génitif pluriel en *arum* est souvent changé en *um*, surtout dans les noms patronymiques en *es*, et dans les mots terminés par Cola, *habitant de*, et par Gena, *né de*. Ex.

hic Æneades, æ, *descendant d'Énée*; Æneadum pour *arum*.
— Cœlicola, æ, *habitant du ciel*; cœlicolum pour *arum*.
hæc Trojugena, æ, *Troyenne*; Trojugenum pour *arum*.

II. Syncopes de la 2e déclinaison.

192. — Le génitif pluriel en *orum* de la 2e déclinaison se change aussi en *um*, surtout dans les noms de *monnaie*, de *mesure* et de *poids*, comme:

hic Nummus, i, *la pièce d'argent*; nummum pour *orum*.
— Sestertius, i, *le sesterce*; sestertium pour *orum*.
hi Liberi,   *les enfants*; liberum pour *orum*.

193. — **III. Syncopes de la 3e déclinaison.**

Le génitif pluriel en *ium* se contracte souvent en *um*. Ainsi l'on trouve en prose:

Apium *et* apum,	de *hæc* apis, is,	*l'abeille.*
Optimatium *et* optimatum,	— *hi* optimates,	*les grands.*
Quiritium *et* Quiritum,	— *hic* Quiris, itis,	*le Romain.*
Serpentium *et* serpentum,	— *hic, hæc* serpens, tis,	*le serpent.*
Locupletium *et* locupletum,	— locuples, etis,	*riche.*

En poésie l'on rencontre *potentum* pour *potentium*, de *potens*, puissant, et plusieurs contractions de participes présents. (196).

ART. VIII NOMS IRRÉGULIERS.

194. — Les noms peuvent être *irréguliers* ou dans le nombre, ou dans le genre, ou dans la déclinaison, ou dans les cas.

I. Irréguliers dans le nombre.

I. Sont usités au *singulier* seulement :

1° Presque tous les noms de *grains*, de *liqueurs*, de *métaux*, comme :

hoc Triticum, i, *le froment. hoc* Oleum, i, *l'huile.*
— Aurum, i, *l'or*, etc.

2° Les noms de *vertus*, de *vices*, d'*âge* et d'autres choses *abstraites*, comme :

hæc Justitia, æ, *la justice. hæc* Avaritia, æ *l'avarice.*
— Juventus, utis, *la jeunesse.* — Sitis, is, *la soif*; etc.

3° Les noms *propres*, comme :

hæc Roma, æ, *Rome. hæc* Ægyptus, i, *l'Egypte.*
hic Cicero, onis, *Cicéron.* — Fulvia, æ, *Fulvie*; etc.

Cependant l'on dit : duo Cicerones, *les deux Cicéron;* Gracchi, orum, *les Gracques, (Tiberius et Caius Gracchus);* Cæsares um, *(les Césars, les*

12 *premiers empereurs romains*); Homeri, orum, *des Homères (des poëtes semblables à Homère)*; etc.

4° Les noms communs suivants :

hic Aer, is,	l'air.	hæc Plebs, is,	le peuple.
— Æther, is,	l'air.	hic Pontus, i,	la mer.
— Astus, us,	la ruse.	hæc Pubes, is,	la jeunesse.
hoc Ebur, oris,	l'ivoire.	hic Pulvis, eris,	la poussière.
— Gelu, u,	la gelée.	hæc Quies, etis,	le repos.
hæc Humus, i,	la terre.	hic Sanguis, inis,	le sang.
hoc Jubar, aris,	l'éclat.	— Sopor, oris,	le sommeil.
— Letum, i,	la mort.	hæc Tabes, is,	la putréfaction.
hæc Lues, is,	la peste.	— Tellus, uris,	la terre.
hoc Lutum, i,	la boue.	— Tussis, is,	la toux.
hoc Nectar, is,	le nectar.	hoc Ver, is,	le printemps.
— Pelagus, i,	la mer.		

5° Sont usités au *pluriel* seulement :

Æstiva, orum,	le camp d'été.	Feriæ, arum,	les vacances.
Alpes, ium,	les Alpes.	Fori, orum,	le tillac.
Angustiæ, arum,	les défilés.	Fraga, orum,	les fraises.
Argutiæ, arum,	les subtilités.	Gades, ium,	Gades (Cadix).
Arma, orum,	les armes.	Hyades, um,	les Hyades.
Bacchanalia, ium,	les bacchanales.	Idus, uum,	les Ides.
Bigæ, arum,	char à deux chevaux.	Ilia, ium,	les flancs.
		Induciæ, arum,	la trêve.
Cani, orum,	les cheveux blancs.	Inferi, orum,	les enfers.
		Insecta, orum,	les insectes.
Castra, orum,	le camp.	Insidiæ, arum,	les embûches.
Charites, um,	les grâces.	Kalendæ, arum,	les Calendes.
Clitellæ, arum,	le bât.	Lamenta, orum,	les lamentations
Comitia, orum,	les comices.	Liberi, orum,	les enfants.
Cunabula, orum,	le berceau.	Magalia, orum,	les huttes.
Cunæ, arum,	le berceau.	Manes, ium,	les mânes.
Diræ, arum,	les furies.	Manubiæ, arum,	les dépouilles.
Divitiæ, arum,	les richesses.	Minæ, arum,	les menaces.
Excubiæ, arum,	les sentinelles.	Mœnia, ium,	les remparts.
Exsequiæ, arum,	les funérailles.	Natales, ium,	la naissance.
Exta, orum,	les entrailles.	Nonæ, arum,	les Nones.
Exuviæ, arum,	les dépouilles.	Nugæ, arum,	les bagatelles.
Facetiæ, arum,	les facéties.	Nundinæ, arum,	la foire.
Fasti, orum,	les fastes.	Nuptiæ, arum,	les noces.

Olympia, orum,	les jeux olymp.	Sata, orum,	terres ensemencées.
Optimates, um,	les grands.		
Orgia, orum,	orgies (fêtes de Bacchus),	Scalæ, arum,	l'échelle.
		Sordes, ium,	l'ordure.
Penates, ium,	les pénates.	Sponsalia, ium,	les fiançailles.
Plagæ, arum,	les filets.	Stativa, orum,	le campement.
Posteri, orum,	la postérité.	Tenebræ, arum,	les ténèbres.
Præcordia, orum,	les entrailles.	Thermæ, arum,	les Thermes (bains).
Proceres, um,	les nobles.		
Pugillares, ium,	les tablettes.	Thermopylæ, arum,	les Thermopyles.
Pythia, orum,	les jeux pythiens	Valvæ, arum,	porte à battants.
Reliquiæ, arum,	les restes.	Viscera, um,	les entrailles.
Rostra, orum,	la tribune.		

II. Irréguliers dans le genre.

195. — Plusieurs noms changent de genre au pluriel. Voici les principaux :

SINGULIER.				PLURIEL.	
1° M. Avernus,	i,	l'Averne (lac)........	N.	Averna,	orum.
Ismarus,	i,	l'Ismarus (mont.).... —		Ismara,	orum.
Massicus,	i,	le Massique (mont.).. —		Massica,	orum.
Mænalus,	i,	le Ménale (mont.).... —		Mænala,	orum.
Pangæus,	i,	le Pangée (mont.).... —		Pangæa,	orum.
Tænarus,	i,	le Ténare (promont.). —		Tænara,	orum.
Tartarus,	i,	le Tartare (enfer).... —		Tartara,	orum.
Taygetus,	i,	le Taygète (mont.)... —		Taygeta,	orum.
2° F. Carbasus,	i,	la voile........... —		Carbasa,	orum.
3° N. Argos,	(indéclinable),	Argos....	M.	Argi,	orum.
Cœlum,	i,	le ciel.......... —		Cœli,	orum.
Elysium,	i,	l'Elysée......... —		Elysii,	orum.
4° N. Delicium,	i,	les délices........	F.	Deliciæ,	arum.
5° M. Jocus,	i,	la plaisanterie.	M. et N.	Joci, a;	orum.
Locus,	i,	le lieu....... —	—	Loci, a;	orum.
6° N. Rastrum,	i,	le râteau..... —	—	Rastri, a;	orum.
Frænum,	i,	le frein......	M. et N.	Fræni, a;	orum.

III. Irréguliers dans la déclinaison.

196. — Certains noms changent de déclinaison. Ex.

SUR LES DÉCLINAISONS

SINGULIER.   PLURIEL.

3ᵉ D. *hoc* Vas, vasis, *le vase;*   2ᵉ D. *hæc* Vasa, orum.
2ᵉ D. — Jugerum i, *l'arpent;*   5ᶜ D. — Jugera, um.

D'autres suivent également deux déclinaisons :

hæc Ficus, us, *et* Ficus, i, *le figuier.*

Le mot *Jupiter* emprunte le génitif et les autres cas à un autre radical ; il se décline ainsi :

N. V. *Jupiter;* G. *Jovis;* D. *Jovi;* Acc. *Jovem,* Abl. *Jove.*

IV. Irréguliers dans les cas.

197. — Ces mots s'appellent aussi *défectifs,* parce qu'ils manquent d'un ou de plusieurs cas.

I. Les uns sont indéclinables, comme :

hoc Argos,   *Argos.*   Fas,   *ce qui est permis.*
— Chaos,   *le chaos.*   Frugi,   *frugal.*
— Pondo,   *le poids d'une livre.*   Nefas,   *ce qui n'est pas permis.*
hæc Tempe, *pl. la vallée de Tempé.*   Nequam,   *méchant.*

Ajoutez-y *Job, Jérusalem,* et autres noms propres de langues étrangères.

II. Quelques-uns ont trois cas seulement au singulier, comme :

Sing.   Vis, vim, vi (abl.);   *la force.*
Pl.   Vires, ium, ibus, es, ibus.

198. — III. D'autres manquent d'un ou de deux cas :

1º du N. et du D. S.: Dapis, em, e; es, um ibus; *le mets.*
        Frugis, em, e; es, um, ibus; *les fruits.*
2º du GÉN. PL.   Lux, lucis, *la lumière.*
       Nex, necis, *la mort.*
3º du N. D. S. et G. PL. Vicis, em, e; es, ibus; *le tour.*

199. — IV. Quelques-uns enfin sont employés à un cas seulement :

Inficias,	*acc. pl.*	inficias ire,	*aller à l'encontre, nier.*
Injussu,	*abl. s.*		*sans l'ordre de.*
Natu,	*abl. s.*	natu major,	*plus âgé.*
		— minor,	*moins âgé, plus jeune.*
Nauci,	*gén. s.*	nauci non facio,	*ne pas faire cas de.*
Sponte,	*abl. s.*	sponte mea,	*de mon plein gré.*

REMARQUE : *Jesus* fait *Jesum* à l'accusatif : à tous les autres cas il fait *Jesu*. (197).

CHAPITRE QUATRIÈME.

VERBES COMPOSÉS

PARFAITS ET SUPINS.

ART. 1. — VERBES COMPOSÉS.

200. — On appelle verbes *composés*, ceux qui se forment d'un verbe et d'un autre mot; ce mot est ordinairement une préposition.

Quelquefois la préposition et le verbe n'éprouvent aucun changement en composition, comme *adjungo* ajouter, de *ad* et de *jungo;* mais souvent la préposition subit quelque altération, comme dans *colludo jouer ensemble*, de *con* et de *ludo*.

Il arrive même que la préposition et le verbe sont changés à la fois, comme dans colligo *recueillir*, de *con* et de *lego*.

SUR LES VERBES.

§ I. — CHANGEMENTS DANS LES VERBES.

201. — 1° A se change en E dans les composés des verbes :

Damno, are, *condamner*; Condemno, are, *je condamne*.
Halo, are, *exhaler*; Anhelo, are, *respirer avec force*.
Lacto, are, *allaiter*; Delecto, are, *plaire*.
Mando, are, *ordonner*; Commendo, are, *recommander*.
Patro, are, *faire*; Impetro, are, *obtenir*.
Sacro, are, *sacrer*; Consecro, are, *consacrer*.
Tracto, are, *manier, traiter, etc.* Dectrecto, are, *refuser*.
Arceo, ere, *éloigner*; Coerceo, ere, *contenir*.
Carpo, ere, *prendre, blâmer*; Decerpo, ere, *cueillir*.
Fallo, ere, *tromper*; Refello, ere, *réfuter*.
Scando, ere, *gravir*; Ascendo, ere, *monter*.
Spargo, ere, *répandre*; Respergo, ere, *arroser*.
Farcio, ire, *remplir*; Refercio, ire, *combler*.
Partio, ire, *diviser*; Dispertio, ire, *partager*.
Gradior, ... *marcher*; Progredior, di, *avancer*.
Patior, pati, *souffrir*; Perpetior, ti, *supporter*.

REMARQUE : Quelques verbes conservent la voyelle *a* comme exhalo, *j'exhale*, de *halo*, pertracto, *manier*, retracto, *remanier*, de *tracto*; de *partio*, se forment impartio et impertio, *je communique*.

202. — 2° A se change en I dans les composés des verbes :

Ago, ere, *agir*; Adigo, ere, *pousser*.
Cado, — *tomber*; Concido, — *tomber*.
Cano, — *chanter*; Concino, — *chanter ensemble*.
Capio, — *prendre*; Percipio, — *percevoir*.
Facio, — *faire*; Reficio, — *refaire*.
Frango, — *briser*; Perfringo, — *briser entièrement*.

Jacio, ere, *jeter;* Conjicio, ere, *conjecturer.*
Pango, — { *enfoncer, composer;* } Compingo, — *enfoncer avec violence.*
Rapio, — *ravir;* Eripio, — *ôter, enlever de force.*
Statuo, — *résoudre;* Restituo, ere, *restituer.*
Salio, ire { *sauter, jaillir;* } Exsilio, ire, *bondir.*

Ago forme aussi :
  Circumago, ere, *tourner.*
  Cogo, — *former, assembler.*
  Dego, — *mener.*
  Perago, — *achever.*
  Satago, — *se donner beaucoup de peine.*

Pango forme   Repango, — *enfouir.*
Facio forme   Tepefacio, — *attiédir, etc.*
                 Calefacio, — *chauffer.*
Placeo forme   Complaceo, — *complaire.*
                 Perplaceo, — *plaire beaucoup.*

203. — 3° A se changent en U dans les composés de

Calco, are, *fouler;*   Inculco, are, *Inculquer.*
Salto, are, *sauter;*   Insulto, are, *insulter.*
Quatio, ere, *secouer;*   Excutio, ere, *secouer.*
Scalpo, ere, *graver;*   Insculpo, ere, *graver.*

204 — 4° E se change en I dans les composés de

Sedeo, ere, *être assis;*   Assideo, ere, *s'asseoir,*
Teneo, ere, *tenir;*   Contineo, ere, *contenir.*
Emo, ere, *acheter;*   Adimo, ere, *ôter.*
Lego, ere, *lire;*   Colligo, ere, *recueillir.*
Premo, ere, *presser;*   Comprimo, ere, *comprimer.*
Rego, ere, *régir;*   Corrigo, ere, *corriger.*

SUR LES VERBES 269

205. 5° U se change en E bref dans les composés de

Juro, are, *jurer;*   Dejero, are, *jurer.*
              Pejero, are, *se parjurer.*

Cependant *dejuro* et *perjuro* se trouvent dans *Plaute* et dans *Horace*.

206. — 6° Æ se change en I long dans les composés de

Cædo, ere, *massacrer;* Concido, ere, *couper en morceaux.*
Lædo, ere, *blesser;* Allido, ere, *briser.*
Quæro, ere, *chercher;* Exquiro, ere, *rechercher.*

207. — 7° AU se change en O long dans les composés de

Plaudo, ere, *applaudir;* Explodo, ere, *chasser en poussant.*
              Complodo, ere, *applaudir.*
              Supplodo, ere, *frapper du pied.*

Excepté, Applaudo, ere *Applaudir.*

208. — 8° AU se change en U dans les composés de

Claudo, ere, *fermer;* Excludo, ere, *exclure.*
              Concludo, ere, *conclure.*

Ou bien ces verbes viennent de *cludo;* car on dit également *claudo* et *cludo*.

209. — 9° AU se change en E long dans

obedio, ire, *obéir* dérivé de audio. (200)

210. — § II. CHANGEMENTS SUBIS PAR LES PRÉPOSITIONS.

AB devient { a devant m, Amitto, ere; *perdre.*
            { au —   fero, Aufero, erre, *enlever.*
            { au —   fugio, Aufugio, ere, *s'enfuir.*

ABS

se change en *as* devant *p*,   Asporto, are, *emporter*.
                                 Aspergo, ere, *arroser*.

AD

devient *ac*	devant *c q*,	Accurro, ere,	*accourir*.
		Acquiesco, ere,	*acquiescer*.
— *af*	— *f*,	Affero, erre,	*apporter*.
— *ag*	— *g*,	Aggredior, i,	*attaquer*.
— *al*	— *l*,	Alludo, ere,	*se jouer*.
— *an*	— *n*,	Annumero, are,	*compter*.
— *ap*	— *p*,	Appono, ere,	*placer auprès*.
— *ar*	— *r*,	Arrodo, ere,	*ronger autour*.
— *a* ou *as*	— *s*,	Aspicio, ere,	*regarder*.
		Assideo, ere,	*s'asseoir auprès*.
— *at*	— *t*,	Attingo, ere,	*toucher*.

AM

devient *amb* devant *a, e, i, u*,   Amburo, ere, *brûler*.
                                     Ambigo, ere, *douter*.
— *an* — *h, q*,   Anhelo, are, *être essoufflé*.
                    Anquiro, ere, *chercher*.

CON

devient *co*, devant *a, e, i, o, u, h*,   Coerceo, ere, *contenir*.
                                           Cohibeo, ere, *empêcher*.
— *col* — *l*,   Colligo, ere, *rassembler*.
— *com* — *b, p, m*,   Comparo, are, *comparer*.
— *cor* — *r*,   Corrigo, ere, *corriger*.

DI et DIS

deviennent *Dif* devant *f*, differo, erre, *différer*.

EX

devient *ef* devant *f*, effundo, ere, *répandre*.

IN

devient *im* devant *b*, *p*, *m*,   Impono, ere, *imposer*.
—   *il*   —   *l*,   Illustro, are, *illustrer*.
—   *ir*   —   *r*,   Irruo ere, *fondre sur*.
—   *ig*   —   *n*,   Ignosco, ere, *pardonner*.

INTER

devient *intel* devant *l*,   Intelligo, ere, *comprendre*.

OB

devient *oc* devant *c*,   Occurro, ere, *aller au devant*.
—   *of*   —   *f*,   Offero, ere, *offrir*.
—   *og*   —   *g*,   Oggero, ere, *mettre devant*.
—   *op*   —   *p*,   Oppono, ere, *opposer*.

PER

devient *pel* devant *l*,   Pelluceo, ere, *être transparent*.

PRO

devient *prod* devant *e*, *i*,   Prodeo, ire, *avancer*.

RE

devient *red* devant *e*, *i*, *o*, *u*,   Redeo, ire, *retourner*.

SUB

devient *suc* devant *c*,   Succurro, ere, *subvenir*.
—   *suf*   —   *f*,   Sufficio, ere, *suffire*.
—   *sug*   —   *g*,   Suggere, ere, *suggérer*.
—   *sum*   —   *m*,   Summitto, ere, *soumettre*.
—   *sup*   —   *p*,   Suppono, ere, *supposer*.
—   *sur*   —   *r*,   Surripio, ere, *dérober*.
—   *sus*   —   *i*,   Sustineo, ere, *soutenir*.

TRANS

devient *tra* devant *d*, *j*, *n*,   Trado, ere, *livrer*.

§ III. — CONJUGAISON DES VERBES COMPOSÉS.

211. — Les verbes *composés* suivent la conjugaison du verbe simple dont ils sont formés, et ont le même parfait et le même supin.

Ainsi ad-moneo, *avertir*, se conjugue comme *moneo*, et fait *admonui, admonitum*.

Exceptions : Lorsque le verbe simple redouble la première syllabe au parfait, ses composés ne la redoublent pas.

Ainsi : Cado, is,   *cecidi*,   cadere,   *tomber*.
Concido, is, *concidi*,   concidere,   *tomber*.

212. — Cependant les composés des verbes *do, sto, posco* et *disco* conservent au parfait le redoublement de leurs primitifs.

Ainsi : Do,   dedi,   *donner*.
addo,   addidi,   *ajouter*.
Sto,   steti,   *se tenir debout*.
adsto,   adstiti,   *s'arrêter*.
Posco,   poposci,   *réclamer*.
deposco,   deposposci, *exiger*.
Disco,   didici,   *apprendre*.
edisco,   edidici,   *apprendre par cœur*.

Remarque. Curro, *courir*, perd généralement son redoublement ; il peut cependant le garder lorsqu'il est uni à *per, præ, pro* et *trans*, Ex. :

Percurro, percurri *et* percucurri, *parcourir*.
Præcurro, præcurri *et* præcucurri, *courir devant*.
Procurro, procurri *et* procucurri, *courir en avant*.
Transcurro, transcurri *et* transcucurri, *passer en courant*.

Repungo, *piquer à son tour*, de *re* et de *pungo*, fait *repupugi* et *repunxi*. (202).

SUR LES VERBES 273

§. IV. DES PARFAITS ET SUPINS DES VERBES.

213. — 1° *Verbes qui manquent à la fois de Parfait et de Supin.*

Les verbes *inchoatifs* qui dérivent d'un substantif ou d'un adjectif, n'ont ni parfait ni supin, Ex. :

Silvesco, is, ere. *pousser trop de bois*, de hæc silva, *forêt*.
mitesco, is, ere, *s'amollir*, de mitis, *doux*.

Les verbes *inchoatifs* qui dérivent d'un verbe empruntent le parfait de ce verbe.

Calesco, is, calescere, *s'échauffer*, emprunte celui à caleo, es, ere, *être chaud*.

Les verbes *désidératifs* manquent presque tous de parfait et de supin. Cependant *esurio* fait *esurivi* et *esuritum*.

Les verbes suivants manquent aussi de parfait et de supin.

PREMIÈRE CONJUGAISON.

Plico, as, *plier*.
Singulto, as, *sangloter*.

DEUXIÈME CONJUGAISON.

Aveo, es, *souhaiter*.
Flaveo, es, *être jaune*.
Immineo, es, *menacer*, et les verbes semblables, comme *promineo*, excepté *emineo* qui a le parfait *eminui*.
Liveo, es, *pâlir*.
Mœreo, es, *être triste*.
Polleo, es, *être puissant*.
Scateo, es, *abonder*.
Medeor, eris, *remédier*.

TROISIÈME CONJUGAISON.

Aio,	is,	dire.
Ambigo,	is,	douter.
Fatisco,	is,	s'entr'ouvrir.
Furo,	is,	} être en fureur.
Furio,	is,	
Glisco,	is,	croître.
Hisco,	is,	s'entr'ouvrir.
Plecto,	is,	châtier.
Quæso,	—	je prie.
Satago,	is,	s'empresser.
Vado,	is,	aller.

Les composés de *vado*, comme *evado*, ont un parfait et un supin, *evasi*, *evasum*.

Vergo,	is,	tourner.
Verro,	is,	balayer.
Liquor,	eris,	se liquéfier.
Reminiscor,	eris,	se souvenir.
Ringor,	eris,	grincer des dents.
Vescor,	eris,	se nourrir.

QUATRIÈME CONJUGAISON.

Ferio,	is,	frapper.
Singultio,	is,	sangloter.

214. — 2° *Verbes qui manquent seulement de Supin.*

PREMIÈRE CONJUGAISON.

Mico,	as,	Micui,	briller.
Tono,	as,	Tonui,	tonner.

DEUXIÈME CONJUGAISON.

Les verbes neutres de la seconde conjugaison qui ont le parfait en *ui* n'ont presque jamais de supin. Tels sont :

Calleo,	callui,	avoir des durillons, savoir.
Caneo,	canui,	blanchir.

SUR LES VERBES

Egeo,	egui,	avoir besoin.
Ferveo,	ferbui,	être échauffé.
Floreo,	florui,	fleurir.
Frondeo,	frondui,	être en feuillage.
Horreo,	horrui,	avoir horreur.
Lateo,	latui,	être caché.
Indigeo,	indigui,	avoir besoin.
Niteo,	nitui,	briller.
Oleo,	olui,	sentir.
Pateo,	patui,	être ouvert.
Rigeo,	rigui,	se geler.
Sileo,	silui,	se taire.
Sorbeo,	sorbui,	avaler.
Splendeo,	splendui,	resplendir.
Studeo,	studui,	étudier.
Stupeo,	stupui,	être étonné.
Torpeo,	torpui,	être engourdi.
Tumeo,	tumui,	être gonflé.
Vigeo,	vigui,	être en vigueur.

Les verbes suivants de la seconde conjugaison manquent aussi de supin.

Algeo,	alsi,	avoir froid.
Arceo,	arcui,	éloigner.
Audeo,	ausus sum,	oser.
Conniveo,	connivi, connixi,	être de connivence.
Luceo,	luxi,	luire.
Lugeo,	luxi,	pleurer.
Paveo,	pavi,	être effrayé.
Pendeo,	pependi,	pendre, être suspendu.
Soleo,	solitus sum,	avoir coutume.
Turgeo,	tursi,	se gonfler.
Urgeo,	ursi,	presser.

3ᵉ Conjugaison.

Ango,	anxi,	*inquiéter.*
Batuo,	batui,	*battre.*
Compesco,	compescui,	*comprimer.*
Congruo,	congrui,	*convenir.*
Dego,	degi,	*passer* (vitam) *sa vie.*
Dispesco,	dispescui,	*partager.*
Excello,	excellui,	*exceller.*
Fremo,	fremui,	*frémir.*
Fugio,	fugi,	*fuir.*
Incesso,	incessivi,	*s'avancer.*
Ingruo,	ingrui,	*menacer.*
Lambo,	lambi,	*lécher.*
Linquo,	liqui,	*laisser.*
Luo,	lui,	*expier.*
Metuo,	metui,	*craindre.*
Ningit,	ninxit,	*il neige.*
Prodigo,	prodegi,	*pousser devant soi.*
Refello,	refelli,	*réfuter.*
Resisto,	restiti,	*résister.*
Respuo,	respui,	*mépriser.*
Rudo,	rudi, rudivi,	*braire.*
Sapio,	sapivi, sapui,	*goûter.*
Scabo,	scabi,	*gratter.*
Serpo,	serpsi,	*glisser.*
Sido,	sedi,	*s'asseoir.*
Sterto,	stertui,	*ronfler.*
Strepo,	strepui,	*faire du bruit.*
Strido,	stridi,	*faire un bruit strident.*
Tremo,	tremui,	*trembler.*
Volo,	volui,	*vouloir.*

SUR LES VERBES

3º **Verbes dont les prétérits et les supins offrent des difficultés.**

1re Conjugaison.

PARFAIT **ui**, SUPIN **itum**.

Crepo,	crepui,	crepitum,	craquer.
Cubo,	cubui,	cubitum,	être couché.
Domo,	domui,	domitum,	dompter.
Sono,	sonui,	sonitum,	rendre un son.
Veto,	vetui,	vetitum,	défendre.

PARFAIT **ui**, SUPIN **ctum**.

Frico,	fricui,	frictum et catum,	frotter.
Seco,	secui,	sectum,	couper.

PARFAIT **avi** ou **ui**, SUPIN **atum**.

Dimico,	dimicavi ou ui,	dimicatum,	combattre.
Neco,	necavi ou ui,	necatum ou nectum.	tuer.

PARFAIT **vi**, SUPIN **tum**.

Juvo,	juvi,	jutum et vatum,	aider.
Lavo,	lavi,	lautum ou lotum ou lavatum.	laver.
Poto,	potavi ou potus sum,	potum ou potatum.	boire.

PARFAIT AVEC REDOUBLEMENT.

Do,	dedi,	datum,	donner.
Sto,	steti,	statum,	se tenir debout.
Præsto,	præstiti,	præstitum,	l'emporter.

2^e Conjugaison.

PARFAIT **ui**, SUPIN **tum**, **sum**.

Censeo,	censui,	censum,	penser.
Doceo,	docui,	doctum,	instruire.

REMARQUES

Misceo,	miscui, mistum *et* mixtum,		*mêler.*
Teneo,	tenui,	tentum,	*tenir.*

PARFAIT **evi**, SUPIN **etum**.

Deleo,	delevi,	deletum,	*effacer.*
Exoleo,	exolevi,	exoletum,	*vieillir.*
Fleo,	flevi,	fletum,	*pleurer.*
Impleo,	implevi,	impletum,	*remplir.*
Neo,	nevi,	netum,	*filer.*
Obsoleo,	obsolevi,	obsoletum,	*cesser d'être d'usage.*

PARFAIT **vi**, SUPIN, **tum**.

Caveo,	cavi,	cautum,	*prendre garde.*
Cieo,	civi,	citum,	*exciter.*
Faveo,	favi,	fautum,	*favoriser.*
Foveo,	fovi,	fotum,	*réchauffer.*
Moveo,	movi,	motum,	*mouvoir.*
Voveo,	vovi,	votum,	*vouer.*
Adoleo,	adolevi,	adultum,	*grandir.*

PARFAIT **di**, SUPIN **sum**.

Mordeo,	momordi,	morsum,	*mordre.*
Prandeo,	prandi,	pransum,	*dîner.*
Spondeo,	spopondi,	sponsum,	*promettre.*
Sedeo,	sedi,	sessum,	*être assis.*
Tondeo,	totondi,	tonsum,	*tondre.*
Video,	vidi,	visum,	*voir.*

Les composés des verbes *mordeo, tondeo,* n'ont pas de redoublement au parfait : *respondi.*

PARFAIT **si**, SUPIN **sum**.

Ardeo,	arsi,	arsum,	*brûler.*
Hæreo,	hæsi,	hæsum,	*hésiter.*
Jubeo,	jussi,	jussum,	*ordonner.*
Maneo,	mansi,	mansum,	*rester.*

SUR LES VERBES

Mulceo,	mulsi,	mulsum,	*caresser*.
Mulgeo,	mulsi (xi),	mulsum, mulctum,	*traire*.
Rideo,	risi,	risum,	*rire*.
Suadeo,	suasi,	suasum,	*conseiller*.
Tergeo,	tersi,	tersum,	*essuyer*.
Torqueo,	torsi,	torsum *et* tortum,	*tourmenter*.
Indulgeo,	indulsi,	indultum,	*être indulgent*.
Augeo,	auxi,	auctum,	*augmenter*.

IMPERSONNELS.

Libet,	libuit,	*ou* libitum est,	libere,	*plaire*.
Licet,	licuit,	*ou* licitum est,	licere,	*être permis*.
Miseret,	misertum,	*et* miseritum est,	......	*avoir pitié*.
Piget,	piguit,	*ou* pigitum est.	pigere,	*être fâché*.
Placet,	placuit,	*ou* placitum est,	placere,	*plaire*.
Pudet,	puduit,	*ou* puditum est,	pudere,	*avoir honte*.
Tædet,	tæduit,	*ou* tæsum est,	tædere,	*s'ennuyer*.

3ᵉ Conjugaison.

PARFAIT **eci, egi,** SUPIN **actum, ectum.**

Ago,	egi,	actum,	*agir*.
Abigo,	abegi,	abactum,	*chasser*.
Cogo,	coegi,	coactum,	*forcer, rassembler*.
Facio,	feci,	factum,	*faire*.
Afficio,	affeci,	affectum,	*toucher*.
Frango,	fregi,	fractum,	*briser*.
Confringo,	confregi,	confractum,	*casser*.
Jacio,	jeci,	jactum,	*jeter*.
Abjicio,	abjeci,	abjectum,	*rejeter*.
Lego,	legi,	lectum,	*lire*.
Eligo,	elegi,	electum,	*élire*.

Trois composés de *lego* ont le parfait en *xi*; ce sont negligo, *je néglige*, neglexi; intelligo, *je comprends*, intellexi; diligo, *je chéris*, dilexi.

PARFAIT **emi**, SUPIN **emptum**.

Emo,	emi,	emptum,	*acheter.*
Adimo,	ademi,	ademptum,	*ôter.*

PARFAIT **epi**, SUPIN **aptum, eptum**.

Capio,	cepi,	captum,	*prendre.*
Concipio,	concepi,	conceptum,	*concevoir.*

PARFAIT **avi**, SUPIN **atum**.

Sterno,	stravi,	stratum,	*étendre à terre.*
Prosterno,	prostravi,	prostratrum,	*abattre.*

PARFAIT **evi**, SUPIN **etum**.

Cerno,	crevi,	cretum,	*voir.*
Cresco,	crevi,	cretum,	*croître.*
Quiesco,	quievi,	quietum,	*se reposer.*
Sperno,	sprevi,	spretum,	*mépriser.*
Assuesco,	suevi,	suetum,	*avoir coutume.*

PARFAIT **evi**, SUPIN **atum, itum**.

Lino,	levi, lini *et* livi,	litum,	*enduire.*
Sero,	sevi,	satum,	*planter.*
Asserere,	assevi,	assitum,	*planter auprès.*

Les autres composés de *sero* ont aussi le supin en *itum*.

PARFAIT **ovi**, SUPIN **otum**.

Nosco,	novi,	notum,	*connaître.*

Tous les composés de *nosco*, ont le supin en *otum*, excepté *agnosco* et *cognosco*, qui font *agnitum, cognitum*.

PARFAIT **ivi**, SUPIN **itum**.

Arcesso,	Arcessivi,	arcessitum,	*mander.*
Capesso,	capessivi,	capessitum,	*entreprendre.*
Cupio,	cupivi,	cupitum,	*désirer.*

SUR LES VERBES

Facesso,	facessivi,	facessitum,	*accomplir.*
Lacesso,	lacessivi,	lacessitum,	*harceler.*
Peto,	petivi,	petitum,	*demander.*
Quæro,	quæsivi,	quæsitum,	*chercher.*
Acquiro,	acquisivi,	acquisitum,	*acquérir.*
Sino,	sivi,	situm.	*laisser.*
Tero,	trivi,	tritum,	*broyer.*

PARFAIT **i**, SUPIN **itum, etum, ptum**.

Bibo,	bibi,	bibitum,	*boire.*
Fugio,	fugi,	fugitum,	*fuir.*
Ico,	ici,	ictum,	*frapper.*
Rumpo,	rupi,	ruptum,	*rompre.*
Vinco,	vici,	victum,	*vaincre.*

PARFAIT **idi**, SUPIN **itum**.

Addo,	addidi,	additum,	*ajouter.*
Condo,	condidi,	conditum,	*cacher.*
Abscondo,	abscondi,	absconditum,	*cacher.*
Credo,	credidi,	creditum,	*croire.*
Dedo,	dedidi,	deditum,	*livrer.*
Edo,	edidi,	editum,	*mettre au jour.*
Perdo,	perdidi,	perditum,	*perdre.*
Prodo,	prodidi,	proditum,	*produire au jour.*
Reddo,	reddidi,	redditum,	*rendre.*
Subdo,	subdidi,	subditum,	*soumettre.*
Trado,	tradidi,	traditum,	*livrer.*
Vendo,	vendidi,	venditum,	*vendre.*

PARFAIT **iti**, SUPIN **itum**.

Sisto,	stiti,	statum,	*mettre.*
Assisto,	adstiti,	adstitum,	*assister.*

PARFAIT **ui**, SUPIN **utum**.

Acuo,	acui,	acutum,	*aiguiser.*
Arguo,	argui,	argutum,	*reprendre.*

Exuo,	exui,	exutum,	*dépouiller.*
Induo,	indui,	indutum,	*vêtir.*
Imbuo,	imbui,	imbutum,	*imprégner*
Ruo,	rui,	rutum,	*se précipiter.*
Statuo,	statui,	statutum,	*ordonner.*
Constituo,	constitui,	constitutum,	*établir.*
Suo,	sui,	sutum,	*coudre.*
Tribuo,	tribui,	tributum,	*donner.*

PARFAIT **ui,** SUPIN **itum.**

Accumbo,	accubui	accubitum,	*s'asseoir à table.*
Alo,	alui,	alitum *et* altum,	*nourrir.*
Gemo,	gemui,	gemitum,	*gémir.*
Molo,	molui,	molitum,	*moudre.*
Pono,	posui,	positum,	*poser.*
Strepo,	strepui,	strepitum,	*faire du bruit.*
Pinso,	pinsui,	pinsitum,	*broyer.*
		pinsum *et* pistum.	
Vomo,	vomui,	vomitum,	*vomir.*

PARFAIT **ui,** SUPIN **itum, ptum**.

Colo,	colui,	cultum,	*cultiver.*
Consulo,	consului,	consultum,	*consulter.*
Delinquo,	deliqui,	delictum,	*faillir.*
Occulo,	occului,	occultum,	*cacher.*
Rapio,	rapui,	raptum,	*ravir.*
Arripio,	arripui,	arreptum,	*enlever.*

PARFAIT **di,** SUPIN **sum**.

Accendo,	accendi,	accensum,	*allumer.*
Cado,	cecidi,	casum,	*tomber.*
Occido,	occidi,	occasum,	*tomber.*
Cædo,	cecidi,	cæsum,	*tailler en pièces.*
Decido,	decidi,	decisum,	*couper.*
Cudo,	cudi,	cusum,	*forger.*
Fodio,	fodi,	fossum,	*creuser.*

SUR LES VERBES 283

Findo,	fidi,	fissum,	fendre.
Fundo,	fudi,	fusum,	répandre.
Mando,	mandi,	mansum,	mâcher.
Pendo,	pependi,	pensum,	estimer.
Prehendo,	prehendi,	prehensum,	saisir.
Scando,	scandi,	scansum,	monter.
Ascendo,	ascendi,	ascensum,	monter.
Scindo,	scidi,	scissum,	couper.
Tundo,	tutudi,	tunsum,	frapper.
Extundo,	extudi,	......	faire sortir en frappant.

PARFAIT **li**, SUPIN **sum, atum**.

Fallo,	fefelli,	falsum,	tromper.
Pello,	pepuli,	pulsum,	pousser.
Depellere,	depuli,	depulsum,	chasser.
Percello,	perculi,	perculsum,	ébranler.
Tollo,	sustuli,	sublatum,	élever.
Extollo,	extuli,	elatum,	élever.
Vello.	velli, vulsi,	vulsum,	arracher.

PARFAIT **psi**, SUPIN **ptum**.

Carpo,	carpsi,	carptum,	cueillir,
Decerpo,	decerpsi,	decerptum,	recueillir,
Como,	compsi ou comsi,	comptum ou comtum,	orner.
Demo,	dempsi,	demptum,	ôter.
Nubo,	nupsi,	nuptum,	se marier.
Promo,	prompsi,	promptum,	tirer hors.
Scalpo,	scalpsi,	scalptum,	sculpter.
Insculpo,	insculpsi,	insculptum,	graver.
Scribo,	scripsi,	scriptum,	écrire.
Sumo,	sumpsi,	sumptum,	prendre.

PARFAIT **si**, SUPIN **sum**.

Claudo,	clausi,	clausum,	fermer.
Excludo,	exclusi,	exclusum,	exclure.
Lædo,	læsi,	læsum,	blesser.

Allido,	allisi,	allisum,	*briser contre.*
Ludo,	lusi,	lusum,	*jouer.*
Mergo,	mersi,	mersum,	*plonger dans l'eau.*
Plaudo,	plausi,	plausum,	*applaudir.*
Rado,	rasi,	rasum,	*râcler.*
Rodo,	rosi,	rosum,	*ronger.*
Spargo,	sparsi,	sparsum,	*répandre.*
Aspergo,	aspersi,	aspersum,	*arroser.*
Tergo,	tersi,	tersum,	*essuyer.*
Trudo,	trusi,	trusum,	*pousser avec violence.*
Viso,	visi,	visum,	*aller voir.*

PARFAIT **ssi, ssui,** SUPIN **ssum, stum**.

Cedo,	cessi,	cessum,	*céder.*
Gero,	gessi,	gestum,	*porter.*
Meto,	messui,	messum,	*moissonner.*
Premo,	pressi,	pressum,	*presser.*
Uro,	ussi,	ustum,	*brûler.*

PARFAIT **xi,** SUPIN **ctum**.

Affligo,	afflixi,	afflictum,	*affliger.*
Allicio,	allexi,	allectum,	*attirer.*
Aspicio,	aspexi,	aspectum,	*regarder.*
Cingo,	cinxi,	cinctum,	*ceindre.*
Coquo,	coxi,	coctum,	*cuire.*
Dico,	dixi,	dictum,	*dire.*
Diligo,	dilexi,	dilectum,	*chérir.*
Dirigo,	direxi,	directum,	*diriger.*
Distinguo,	distinxi,	distinctum,	*distinguer.*
Duco,	duxi,	ductum,	*conduire.*
Fingo,	Finxi,	fictum,	*feindre.*
Jungo,	junxi,	junctum,	*joindre.*
Pango,	panxi, pepigi,	pactum,	*ficher.* *contracter.*
Pergo,	perrexi,	perrectum,	*continuer.*
Pingo,	pinxi,	pictum,	*peindre.*

Plango,	planxi,	planctum,	*pleurer.*
Pungo,	punxi,	punctum,	*piquer.*
Rego,	rexi,	rectum,	*régir.*
Stringo,	strinxi,	strictum,	*serrer.*
Struo,	struxi,	structum,	*bâtir.*
Sugo,	suxi,	suctum,	*sucer.*
Surgo,	surrexi,	surrectum,	*se lever.*
Traho,	traxi,	tractum,	*traîner.*
Veho,	vexi,	vectum,	*conduire en voiture.*
Vivo,	vixi,	victum,	*vivre.*

PARFAIT **xi**, **xui**, SUPIN **xum**.

Figo,	Fixi,	fixum,	*attacher.*
Flecto,	Flexi,	flexum,	*fléchir.*
Fluo,	Fluxi,	fluxum,	*couler.*
Frigo,	Frixi,	frictum, frixum,	*frire.*
Plecto,	plexi,	plexum,	*ployer, punir.*
Necto,	nexui,	nexum,	*nouer, attacher.*

Cano,	cecini,	cantum,	*chanter.*
Concino,	concinui,	concentum,	*chanter ensemble*
Curro,	cucurri,	cursum,	*courir.*
Solvo,	solvi,	solutum,	*délier, payer.*
Verto,	verti,	versum,	*tourner.*
Volvo,	volvi,	volutum,	*rouler.*

4ᵉ Conjugaison.

PARFAIT **ivi**, SUPIN **ultum**, **itum**.

Salio,	salivi,	saltum,	*sauter.*
Absilio,	absilivi *ou* absilui,	absultum,	*sauter en arrière*
Sepelio,	sepelivi,	sepultum,	*ensevelir.*

PARFAIT **i**, SUPIN **tum**.

Comperio,	comperi,	compertum,	*découvrir.*
Venio,	veni,	ventum,	*venir.*
Veneo,	venii,	venitum *et* venum,	*vendre.*

PARFAIT si, SUPIN sum et tum.

Sentio,	sensi,	sensum,	*sentir.*
Farcio,	farsi,	fartum,	*farcir.*
Confercio,	confersi,	confertum,	*remplir.*
Fulcio,	fulsi,	fultum,	*appuyer.*
Haurio,	hausi,	haustum,	*puiser.*
Sarcio,	sarsi,	sartum,	*raccommoder.*

PARFAIT ui, xi, SUPIN tum, ctum,

Aperio,	aperui,	apertum,	*ouvrir.*
Operio,	operui,	opertum,	*couvrir.*
Amicio,	amixi *et* amicui,	amictum,	*couvrir.*
Sancio,	sanxi,	sanctum *et* sancitum,	*sanctionner.*
Sæpio *et* sepio,	sæpsi,	sæptum.	*entourer d'une haie.*
Vincio,	vinxi,	vinctum,	*lier.*

VERBES DÉPONENTS ET COMMUNS.

DEUXIÈME CONJUGAISON.

Fateor,	fassus	sum, fateri,	*avouer.*
Confiteor,	confessus	sum, confiteri,	*confesser.*
Misereor,	misertus	sum, misereri,	*avoir compassion.*
Reor,	ratus	sum, ...	*penser.*

TROISIÈME CONJUGAISON.

Adipiscor,	adeptus	sum, adipisci,	*acquérir.*
Comminiscor,	commentus	sum, comminisci,	*inventer.*
Expergiscor,	experrectus	sum, expergisci,	*se réveiller.*
Fruor,	fruitus *et* fructus	sum, frui,	*jouir.*
Gradior,	gressus	sum, ...	*marcher.*
Aggredior,	aggressus	sum, aggredi,	*entreprendre, attaquer.*
Labor,	lapsus	sum, labi,	*tomber.*

Loquor,	locutus	sum, loqui,	*parler.*
Morior,	mortuus	sum, mori,	*mourir.*
Nanciscor,	nactus	sum, nancisci,	*obtenir, rencontrer.*
Nascor,	natus	sum, nasci,	*naître.*
Nitor,	nisus *ou* nixus sum, niti,		*s'appuyer, s'efforcer.*
Obliviscor,	oblitus	sum, oblivisci,	*oublier.*
Paciscor,	pactus	sum, pacisci,	*faire un pacte.*
Patior,	passus	sum, pati,	*souffrir.*
Perpetior,	perpessus	sum, perpeti,	*id.*
Proficiscor,	profectus	sum, proficisci,	*partir.*
Queror,	questus	sum, queri,	*se plaindre.*
Sequor,	secutus	sum, sequi,	*suivre.*
Ulciscor,	ultus	sum, ulcisci,	*se venger.*
Utor,	usus	sum, uti,	*user.*

QUATRIÈME CONJUGAISON.

Assentior,	assensus	sum, assentiri,	*consentir.*
Experior,	expertus	sum, experiri,	*éprouver*
Metior,	mensus	sum, metiri,	*mesurer.*
Opperior,	oppertus	sum, opperiri,	*attendre.*
Ordior,	orsus	sum, ordiri,	*commencer.*
Orior, eris *et* iris, ortus		sum, oriri,	*se lever, naître.*
Adorior,	adortus	sum, adoriri,	*attaquer.*

I. — APPENDICE.

VERBES COMMUNS.

Comme nous l'avons déjà dit, on appelle verbes communs ceux qui étant terminés en *or*, ont à la fois la signification active et passive.

Ce sont principalement les participes passés en *us*, qui se trouvent employés de cette manière.

Voici les plus usités :

Abominatus,	*maudit,*	de abominari,	*maudire.*
Adeptus,	*acquis,*	de adipisci,	*acquérir.*

Commentatus,	*médité,*	de commentari,	*méditer,*
Complexus,	*renfermé,*	de complecti,	*renfermer.*
Comitatus,	*accompagné,*	de comitari,	*accompagner.*
Confessus,	*avoué,*	de confiteri,	*avouer.*
Criminatus,	*blâmé,*	de criminari,	*blâmer.*
Detestatus,	*détesté,*	de detestari,	*détester.*
Dimensus,	*mesuré,*	de dimetiri,	*mesurer.*
Emensus,	*parcouru,*	de emetiri,	*parcourir.*
Ementitus,	*controuvé,*	de ementiri,	*controuver.*
Exsecratus,	*exécré,*	de exsecrari,	*exécrer.*
Expertus,	*éprouvé,*	de experiri,	*éprouver.*
Frustratus,	*trompé,*	de frustrari,	*tromper.*
Interpretatus,	*interprété,*	de interpretari,	*interpréter.*
Imitatus,	*imité,*	de imitari,	*imiter.*
Impertitus,	*accordé,*	de impertiri,	*accorder.*
Mensus,	*mesuré,*	de metiri,	*mesurer.*
Machinatus,	*ourdi,*	de machinari,	*ourdir,*
Meditatus,	*médité,*	de meditari,	*méditer.*
Metatus,	*délimité,*	de metari,	*délimiter.*
Oblitus,	*oublié,*	de oblivisci,	*oublier.*
Osculatus,	*embrassé,*	de osculari,	*embrasser.*
Pactus,	*convenu,*	de pacisci,	*convenir.*
Partitus,	*distribué,*	de partiri,	*distribuer.*
Populatus,	*ravagé,*	de populari,	*ravager.*
Periclitatus,	*essayé,*	de periclitari,	*essayer.*
Stipulatus,	*stipulé,*	de stipulari,	*stipuler.*
Testatus,	*prouvé,*	de testari,	*prouver.*
Veneratus,	*vénéré,*	de venerari,	*vénérer.*

II. — APPENDICE.

VERBES QUI SUIVENT PLUSIEURS CONJUGAISONS.

Il y a des verbes qui suivent à la fois plusieurs conjugaisons, savoir :

Cieo, es, ere, } *émouvoir.*
Cio, is, ire,

Denso,	as,	are,	} épaissir.
Denseo,	es,	ere,	
Duro,	as,	are,	} s'endurcir.
Dureo,	es,	ere,	
Excelleo,	es,	ere,	} exceller.
Excello,	is,	ere,	
Ferveo,	es,	ere,	} bouillir.
Fervo,	is,	ere,	
Fulgeo,	es,	ere,	} resplendir.
Fulgo,	is,	ere,	
Lavo,	is,	ere,	} laver.
Lavo,	as,	are,	
Oleo,	es,	ere,	} répandre une odeur.
Olo,	is,	ere,	
Strideo,	es,	ere,	} faire un bruit aigre.
Strido,	is,	ere,	
Tergeo,	es,	ere,	} nettoyer.
Tergo,	is,	ere,	

III. — APPENDICE.

VERBES QUI SE CONJUGUENT A LA FOIS AVEC LA FORME ACTIVE ET DÉPONENTE.

Adulo,	as,	are,	} flatter.
Adulor,	aris,	ari,	
Alterco,	as,	are,	} se quereller.
Altercor,	aris,	ari,	
Assentio,	is,	ire,	} accorder.
Assentior,	iris,	iri,	
Auguro,	as,	are,	} présager.
Auguror,	aris,	ari,	
Cachinno,	as,	are,	} rire aux éclats.
Cachinnor,	aris,	ari.	
Demolio,	is,	ire,	} démolir.
Demolior,	iris,	iri,	

Depasco,	is,	ere,	se nourrir.
Depascor,	eris,	i,	
Fabrico,	as,	are,	fabriquer.
Fabricor,	aris,	ari,	
Frustro,	as,	are,	tromper.
Frustror,	aris,	ari,	
Fluctuo,	as,	are,	hésiter.
Fluctuor,	aris,	ari,	
Illacrymo,	as,	are,	pleurer.
Illacrymor,	aris,	ari,	
Impertio,	is,	ire,	donner.
Impertior,	iris,	iri,	
Jurgo,	as,	are,	disputer.
Jurgor,	aris,	ari,	
Luxurio,	as,	are,	surabonder.
Luxurior,	aris,	ari,	
Mereo,	es,	ere,	mériter.
Mereor,	eris,	eri,	
Munero,	as,	are,	récompenser.
Muneror,	aris,	ari,	
Populo,	as,	are,	ravager.
Populor,	aris,	ari,	
Reverto,	is,	ere,	revenir.
Revertor,	eris,	i,	

N. B. Le premier livre a traité des mots pris isolément. Les chapitres qui vont suivre les considèreront dans leurs rapports les uns avec les autres. Ils renferment les préceptes élémentaires de la Syntaxe des *Noms*, des *Adjectifs* et des *Verbes*. Le premier chapitre expose les règles de la Syntaxe d'accord ou *intransitive* ; les autres ont pour objet la Syntaxe de régime, ou *transitive*.

DE ORATIONIS CONSTRUCTIONE

PRÆCEPTA QUÆDAM EX LIBRO SECUNDO

EMMANUELIS ALVARI, S. J.

PRO SCHOLA INFERIORI

DE CONSTRUCTIONE INTRANSITIVA

PRÆCEPTUM I. — De nomine et verbo

I. Ego valeo.

215. — Verbum personale finiti modi antecedit nominativus aperte vel occulte : Verbum est ejusdem numeri et personæ ac nominativus. (1)

Tout verbe à un mode personnel veut au nominatif son sujet exprimé ou sous-entendu, et il s'accorde avec ce sujet en nombre et en personne.

Cic. Fam. IV. 8: « Si *vales* bene est ; *ego* quidem *valeo*. » Si vous êtes en bonne santé, je m'en réjouis ; pour moi, je me porte bien (221).

---

(1) Aliter : Nomen verbi personalis finiti modi nominativo effertur, et verbum est ejusdem numeri et personæ ac nomen.

II. Nimbum cito transiisse lætor.

Verbum infiniti modi postulat ante se accusandi casum.

Tout verbe à l'infinitif veut son sujet à l'accusatif.

Cic. Att. XV. 9: « *Hunc* quidem *nimbum* cito *transiisse* lætor. » *Je suis heureux que cette tempête soit passée promptement.* (225)

PRÆC. II. — De adjectivis et substantivis.

Parva scintilla.

216. — Nomina adjectiva, pronomina et participia cohærent cum suis substantivis genere, numero et casu.

Les adjectifs, les pronoms et les participes s'accordent en genre, en nombre et en cas, avec les substantifs auxquels ils se rapportent.

Curt. VI. 3: « *Parva* sæpe *scintilla contempta magnum* excitavit *incendium.* » *Souvent une faible étincelle négligée a causé un grand incendie.* (226)

PRÆD. III. — De relativis

Liber qui inscribitur Lælius.

217. — 1. Relativum *qui, quæ, quod* concordat cum antecedente in genere et numero.

Le relatif *qui, quæ, quod* s'accorde avec son antécédent en genre et en nombre.

Cic. Off. II. 9: « Liber *qui* inscribitur *Lælius.* » *Le livre qui est intitulé Lélius.*

2. Item pronomina *hic, iste, ille, ipse, is* et *idem* cum fiunt relativa.

De même les pronoms *hic, iste,* etc... lorsqu'ils sont employés comme relatifs, s'accordent en genre et en nombre avec leur antécédent.

Cic. Att. III. 1 : « Venit obviam tuus *puer; is* mihi litteras abs te reddidit. » *Votre esclave est venu au-devant de moi ; il m'a remis une lettre de votre part.* (230)

PRÆC. IV. — De Substantivis continuatis.

Marcus Tullius Cicero.

218. — Substantiva continuata, quæ ad eamdam rem spectant, casu concordant, quamvis genere et numero aliquando dissentiant.

Lorsque deux ou plusieurs substantifs désignent une même personne ou une même chose, ils s'accordent en cas, bien qu'ils diffèrent quelquefois de genre et de nombre.

Cic. Fam. I. 1 : « *Marcus Tullius Cicero* salutem dicit plurimam *Publio Lentulo proconsuli.* » *Marcus Tullius Cicéron salue affectueusement Publius Lentulus proconsul.*

Cæs. Bell. Gall. I. 1 : « Gallos ab Aquitanis *Garumna flumen* dividit. » *La Garonne sépare les Gaulois des Aquitains.* (236)

PRÆC. V. — De Nominativo ante et post verbum.

Ego vivo miserrimus.

219. — Omne verbum personale finiti modi

utrinque nominativum habere potest, cum utrumque nomen ad eamdem rem pertinet; cujusmodi maxime est verbum substantivum, et vocativum ut, appellor, nuncupor, nominor, *je suis appelé, je suis nommé;* dicor, *je suis dit;* videor, *je parais*; habeor, *je passe pour*; etc.

Tout verbe à un mode personnel peut avoir deux nominatifs : son sujet et l'attribut qui s'y rapporte : ce qui a lieu surtout avec le verbe *sum*, et les verbes qui servent à nommer, tels que *appellor*, etc.

Cic. Att. III. 5: « *Ego vivo miserrimus.* » Je vis très malheureux.

Ter. Phorm. IV. 1:

.... *Senectus* ipsa *est morbus.*
La vieillesse elle-même est une maladie.

Cic. de Orat. III. 34 : « Septem fuisse dicuntur uno tempore, *qui sapientes et haberentur et vocarentur.* » *On dit qu'à une même époque, vécurent sept hommes, qui passaient pour sages et en portaient le nom.* (238)

PRÆC. VI. — De Nominativo post verbum infinitum.

Nolo esse longus.

220. — Verbum personale infiniti modi post se nominativum petit, cum res ad nominativum verbi præcedentis pertinet.

Tout verbe personnel à l'infinitif, veut au nominatif l'attribut qui l'accompagne, lorsque cet attribut se rapporte au sujet du verbe précédent.

Cic. Nat. Deor. I. 36 : « Nolo *esse longus.* »
Je ne veux pas être long.

Id. pro Marcell. 7 : « Malim *videri* nimis *timidus*
quam parum *prudens.* » *J'aimerais mieux paraître
trop timide que peu prudent.* (240)

PRÆC. VII. — De interrogationis et responsionis consensu.

Cui præceptori dedisti operam? — Platoni.

221. — Interrogatio et responsio fere casu consentiunt.

La demande et la réponse se mettent ordinairement au même cas.

Cui præceptori dedisti operam? Platoni. De quel maître avez-vous suivi les leçons? De Platon. (243)

DE CONSTRUCTIONE TRANSITIVA

CAPUT PRIMUM.

DE CONSTRUCTIONE NOMINIS.

PRÆC. I. — De Genitivo post nomen substantivum.

Pœna peccati.

222. — Quotiescumque duo nomina substantiva rerum diversarum in oratione continuantur, alterum quod regitur erit genitivi casus.

Toutes les fois que deux substantifs qui se suivent, désignent deux choses différentes, le second se met au génitif, lorsqu'il est le régime du premier.

Cic. in Pis. 43: « Supplicium est *pœna peccati.* » *Le châtiment est la punition de la faute.* (244)

PRÆC. II. — De genitivo vel ablativo post nomen substantivum.

Præstanti prudentia virum.

223. — Substantiva, cum ad laudem aut vituperationem referuntur, genitivo aut ablativo gaudent.

Les noms de louange ou de blâme (régimes d'un autre nom) se mettent au génitif ou à l'ablatif.

Cic. Fam. I. 8 : « Neque monere te audeo, præstanti *prudentia virum*, nec confirmare maximi *animi hominem* unumque fortissimum. » *Je n'ose donner des conseils à un homme d'une sagesse aussi remarquable que la vôtre; je n'ose essayer de raffermir un homme d'un aussi grand courage et d'une fermeté incomparable.* (246)

PRÆC. III. — De genitivo post nomen adjectivum.

Litterarum peritus.

224. — 1. Adjectiva quæ scientiam, communionem, copiam et his contraria significant, cum genitivo junguntur, ut : peritus, *habile dans*; ignarus, *qui ne connaît pas*; particeps, *participant*; expers, *dépourvu de*; plenus, *plein*; inanis, *vide*; etc.

Les adjectifs qui expriment le savoir, la participation, l'abondance, et les qualités contraires, régissent le génitif : tels sont peritus, *habile dans*, etc.

Cic. Brut. 21 : « Fabius Pictor et *juris* et *litterarum* et *antiquitatis* bene peritus. » *Fabius Pictor, très habile dans le droit, dans les lettres et dans la science de l'antiquité.*

2. Item quædam in *ax*, *ius*, *idus* et *osus*, ut philosophus tenax recti, *un philosophe attaché au bien;* avidus virtutis, *avide de la vertu;* studiosus litterarum, *zélé pour les belles-lettres.*

Certains adjectifs terminés en *ax, ius, idus* et *osus*, comme *philosophus tenax recti*, etc. régissent aussi le génitif.

Ovid. met. XV. 234 :

« Tempus *edax rerum.* »
Le temps qui ronge tout.

Cic. de Orat. I : « *Laudis cupidus* adolescens. » *Le jeune homme avide de louange.*

3. Quibus adde : memor, *qui se souvient;* immemor, *qui ne se souvient pas;* securus, *qui ne s'inquiète pas;* etc.

Joignez à ces adjectifs *memor*, etc.

Memor beneficii ; *qui se souvient d'un bienfait.* — Immemor injuriæ ; *qui ne se souvient pas d'une injure.* — Securus rumorum ; *qui ne s'inquiète pas des rumeurs.* (247)

PRÆC. IV. — De partitivis.

Elephanto belluarum nulla prudentior.

225. — 1. Partitiva genitivo multitudinis gaudent (1).

Les noms ou adjectifs partitifs gouvernent le génitif pluriel.

Cic. Nat. Deor. 1. 35 : « Elephanto *belluarum nulla* prudentior. » *Aucun animal (aucun des animaux) n'est plus prudent que l'éléphant.*

Cic. ad Quint. II. 4. « Domus *utriusque nostrum* ædificatur strenue. » *Votre maison et la mienne se construisent activement.*

Partitiva sunt :

Alius, *autre.*
Aliquis, *quelqu'un.*
Alter, *l'autre.*
Alteruter, *l'un ou l'autre.*
Nemo, *personne.*
Neuter, *ni l'un, ni l'autre.*
Nullus, *nul, aucun.*
Quis, *qui ?*
Quicumque, *qui que ce soit.*
Quidam, *un certain.*
Quilibet, *celui qui vous plaira.*
Quivis, *qui vous voudrez.*
Quispiam, *quelqu'un.*

Quisquam, *quelque.*
Quisque, *chacun.*
Solus, *un seul.*
Ullus, *quelque, aucun.*
Uter, *lequel des deux.*
Utercumque, *quel que soit celui des deux qui.*
Uterque, *l'un et l'autre.*
Uterlibet, *celui des deux qui vous plaira.*
Utervis, *celui des deux que vous voudrez.*

---

(1) On appelle *partitifs* les mots qui ne désignent qu'une partie de plusieurs objets, comme : *aliquis, quelque;* ou qui sous la forme du singulier désignent plusieurs objets, comme : quisque, *chacun.*

2. **Item numeralia nomina.**

Les noms de nombre peuvent aussi se construire avec le génitif.

Tit. Liv. I. 55: « Imperium summum Romæ habebit qui *vestrum primus*, ô juvenes, matri osculum tulerit. » *Celui-là possèdera la souveraine puissance à Rome, qui le premier de vous, jeunes gens, embrassera sa mère.*

Curt. VIII. 2: « Octoginta *Macedonum* interfecerunt. » *Ils tuèrent quatre-vingts Macédoniens.* (249)

PRÆC. V. — De superlativis.

Elegantissimus omnium philosophorum.

226. — 1. Si multa ejusdem generis comparentur, utendum est superlativis cum genitivo plurali.

Lorsque l'on compare entr'elles plusieurs choses de même espèce, l'adjectif se met au superlatif, et le nom qui le suit au génitif pluriel.

Cic. Tusc. v. 9 : « Hic autem (Theophrastus) *elegantissimus* omnium *philosophorum* et *eruditissimus*, non magnopere reprehenditur, cum tria genera dicit bonorum. » *On ne blâme pas beaucoup Théophraste, le plus élégant et le plus érudit de tous les philosophes, d'enseigner qu'il y a trois sortes de biens.*

Plin. XXXIII. 6. « Demosthenes, *summus oratorum* Græciæ. » *Démosthenes, le plus grand des orateurs de la Grèce.* (254)

2. Genitivus tam superlativi quam partitivi in

ablativum cum prepositione *e* vel *ex* vel *de* mutari potest.

Après les superlatifs et les partitifs, au lieu du génitif, on peut mettre l'ablatif avec une des prépositions *e*, *ex*, *de*.

Cic. Sext. Rosc. 1 : « *Audacissimus ego ex omnibus?* minime. » *Serais-je le plus hardi de tous ? — Nullement.*

Id. Fam. XVI. 1 : « *De tuis innumerabilibus in me officiis erit hoc gratissimum.* » *Des services sans nombre que vous m'avez rendus, celui-ci me sera le plus agréable.* (255)

3. Mutatur interdum genitivus superlativi in accusativum cum præpositione *inter* vel *ante*.

Au lieu du génitif, on emploie aussi quelquefois l'accusatif avec la préposition *inter* ou *ante*.

Senec. controv. II. 9 : « *Cræsus inter reges opulentissimus.* » *Crésus le plus riche de tous les rois.* (255)

PRÆC. VI. — De genitivo vel dativo post nomen adjectivum.

Domini similis.

227. — 1. Nomina adjectiva, quæ similitudinem aut dissimilitudinem significant, interrogandi vel dandi casum exigunt.

Les adjectifs qui expriment la ressemblance, ou la dissemblance, régissent le génitif ou le datif.

Ter. Eunuch. III. sc. 2 : « *Domini similis.* » *Semblable à son maître.*

Cic. Fin. V. 5 : « Non video cur non potuerit *patri similis* esse filius. » *Je ne vois pas pourquoi le fils n'aurait pu être semblable à son père.*

2. Item *communis, commun; proprius, propre.*

Cic. Senect. 11 : « Id quidem non *proprium senectutis* vitium est, sed *commune valetudinis.* » *Ceci n'est pas un défaut propre à la vieillesse, mais l'effet ordinaire de la mauvaise santé.*

Id. Sext. Rosc. 26 : « Quid tam est *commune* quam spiritus *vivis,* terra *mortuis,* mare *fluctuantibus,* littus *ejectis ?* » *Qu'y a-t-il d'aussi commun que l'air pour les vivants, la terre pour les morts, la mer pour les navigateurs et le rivage pour les naufragés ?* (287)

PRÆC. VII. — **De dativo post nomen adjectivum.**

Fidele Pompeio.

228. — **1.** Nomina adjectiva, quibus commodum, voluptas, gratia, favor, æqualitas, fidelitas et his contraria significantur, dativum poscunt, ut : Consul *salutaris, perniciosus reipublicæ.* — *Un consul utile, pernicieux à la république;*

— *jucundus, molestus, gratus, invisus, propitius, infestus civibus.* — *Un consul agréable, à charge, qui plaît, qui est favorable, odieux, acharné à nuire à ses concitoyens ;*

— *fidus, infidus imperio.* — *Fidèle, infidèle aux devoirs de sa charge;*

— *par, impar tanto oneri.* — Capable, incapable de soutenir un si grand fardeau.

Les adjectifs qui expriment l'avantage, le plaisir, l'agrément, la faveur, l'égalité, la fidélité, et les qualités contraires, gouvernent le datif, comme *Consul salutaris reipublicæ,* etc.

Cic. Fam. VI. 6 : « Erat meum consilium cum *fidele Pompeio,* tum *salutare utrique.* » *En donnant ce conseil,* je restais fidèle à Pompée, et j'étais utile à l'un et à l'autre.

2. Item verbalia in *bilis*, ut amabilis, *aimable;* formidabilis, *formidable;* optabilis, *désirable;* etc.

Les adjectifs verbaux en *bilis* ut, tels que amabilis, etc., régissent aussi le datif.

Cic. Phil. VII. 3 : « Pax, præsertim civilis, *mihi* fuit *optabilis.* » *La paix, surtout la paix entre les citoyens, me fut désirable.*

3. Quædam præterea, quæ ex præpositione *con* componuntur, ut consentaneus, *conforme à;* concors, *d'accord avec;* concolor, *de même couleur;* confinis, *voisin,* etc.

De plus, quelques adjectifs, formés à l'aide de la préposition *con,* comme *consentaneus,* etc.

Cic. Phil. IX. 7 : « Mors ejus *consentanea vitæ* fuit. » *Sa mort fut conforme à sa vie.* (258)

PRÆC. VIII. — De dativo, vel accusativo cum præpositione *ad*, post nomen adjectivum.

Natus gloriæ *vel* ad gloriam.

229. — Accommodatus, *approprié à;* appositus,

convenable, fait pour; aptus, *apte à;* idoneus, *propre à;* habilis, *apte à;* utilis, *utile pour;* inutilis, *inutile pour;* natus, *né pour;* dativum vel accusativum cum præpositione *ad* poscunt.

On met au datif, ou à l'accusatif avec la préposition *ad*, les régimes des adjectifs *accommodatus*, etc.

Natus gloriæ, vel *ad gloriam. Né pour la gloire.*

Cic. Clar. Orat. 68 : « Pompeius, vir *ad omnia summa natus.* » *Pompée, cet homme né pour toutes les grandes choses.* (259)

PRÆC. IX. — **De accusativo vel ablativo post nomen adjectivum.**

Ager longus pedes mille ducentos.

230. — Adjectiva, quibus generalis dimensio significatur, accusativum vel ablativum casum postulant, qui certam mensuram significet.

Les adjectifs, qui expriment la dimension en général, veulent à l'accusatif ou à l'ablatif, le nom qui désigne une mesure déterminée.

Colum. V. 3 : « Ager *longus pedes* mille ducentos, *latus pedes* centum viginti. » *Un champ long de douze-cents pieds, et large de cent-vingt.*

Liv. XXXVII. 37 : « Fossam sex *cubitis altam*, duodecim *latam* cum duxisset, extra duplex vallum fossæ circumdedit. » *Après avoir creusé un fossé profond de six coudées, et large de douze, il l'environna d'une double palissade.*

Generalem dimensionem significant : longus, *long;* latus, *large;* altus, *élevé;* profundus, *profond;* crassus, *épais.*

Certam mensuram : digitus, *le doigt;* palmus, *le palme;* pes, *le pied;* cubitum, *la coudée;* ulna, *l'aune;* passus, *le pas;* stadium, *un stade;* milliare *seu* milliarium, *le mille;* leuca, *une lieue;* uncia, *une once;* dodrans, *les trois quarts;* libra, *la livre;* etc. (260)

PRÆC. X. — De ablativo post nomen adjectivum.

Mediocri quæstu contentus.

231. — Contentus, *content;* dignus, *digne;* indignus, *indigne;* extorris, *banni;* fretus, *appuyé sur;* immunis, *exempt;* liber, *libre;* præditus, *doué de;* venalis, *qui se vend;* etc. ablativo contenta sunt.

Les adjectifs *contentus,* etc. veulent leur régime à l'ablatif.

Cic. pro Quint. 3 : « Mediocri *quæstu contentus* esse non poterat. » *Il ne pouvait être content d'un gain médiocre.* (261)

PRÆC. XI. — Opus.

Gratia opus est.

232. — 1. Opus, accedente verbo substantivo, ablativum postulat.

L'impersonnel *Opus est, il est besoin,* gouverne l'ablatif.

Cic. Att. XII. 37 : « *Gratia opus est* nobis tua, tuaque *auctoritate.* » *Nous avons besoin de votre faveur et de votre autorité.*

2º Sæpe etiam cum substantivis, more adjectivorum consentit, neque tamen in casus declinatur.

Souvent même *opus* s'accorde, comme attribut, avec les substantifs, quoiqu'il reste indéclinable.

Cic. Fam. II. 6 : « *Dux nobis et auctor opus est.* » *Nous avons besoin d'un chef et d'un conseiller.* (262)

PRÆC. XII. — **De ablativo cum præpositione a vel ab post nomen adjectivum.**

A te totus diversus est.

233. — 1. Adjectiva diversitatis et numeralia ordinis ablativum cum præpositione *a* vel *ab* admittunt.

Les adjectifs qui marquent diversité, séparation et les noms de nombres ordinaux, gouvernent l'ablatif avec la préposition *a* ou *ab*.

Cic. Acad. Prior. II. 32 : « Certa igitur cum illo, qui *a te* totus *diversus* est. » *Discutez donc avec lui, puisqu'il vous est diamétralement opposé.*

Hirt. Bell. Alex. 66 : « Imperio et potentia *secundus a rege.* » *Le premier en autorité et en puissance après le roi.*

Adjectiva diversitatis sunt : *adversus, alius, alienus, aversus, degener.*

Adjectiva numeralia ordinis : *primus, secundus, alter, tertius, quartus,* etc.

2. Item adjectiva :

Absonus,	qui n'est pas d'accord avec,	Liber,	libre,
Castus,	pur,	Nudus,	dépouillé,
Extorris,	banni,	Profugus,	qui s'est enfui,
Exul,	exilé,	Purus,	pur,
Fugitivus,	fugitif,	Securus,	en sûreté contre,
Immunis,	exempt,	Sospes,	sauvé,
Innoxius, Integer,	} innocent,	Tutus,	en sûreté contre,
		Vacuus,	vide.

Régissent aussi l'ablatif avec *a* ou *ab*, les adjectifs *absonus*, etc.

Cic. pro dom. 22 : « Tam *inops* autem ego *ab amicis* eram, aut *nuda* respublica *a magistratibus?* » *Etais-je donc si dépourvu d'amis; et la république se trouvait-elle à ce point dépourvue de magistrats?* (264)

PRÆC. XIII. — De comparativis.

Luce clariora.

234. — 1. Comparativo utimur cum ablativo, quando vel plura diversi generis comparantur :

Cic. Cat. I. 3 : « *Luce* sunt *clariora* nobis tua consilia. » *Ces desseins sont pour nous plus clairs que la lumière.*

Vel duo ejusdem aut diversi generis conferuntur. Horat. Ep 1 : « *Vilius* argentum est *auro*, *virtutibus* aurum. » *L'argent est moins précieux que l'or, l'or moins précieux que les vertus.*

On met l'adjectif au comparatif et le nom qui le suit à l'ablatif, quand on compare plusieurs choses d'un genre différent. Il en est de même, quand ce sont deux objets de même genre ou de genre différent que l'on compare. (265)

2. Ablativus comparativi, intercedente conjunctione *quam*, mutari potest in casum verbo congruentem.

Après le comparatif, au lieu de l'ablatif, on peut employer la conjonction *quam*, et mettre le second terme au cas que demande le verbe.

Cic. Terr. Art. II : « Tu *innocentior quam Metellus?* Vous, plus innocent que Métellus? » (266)

PRÆC. XIV. — De ablativo significante laudem, vituperationem, partem, etc.

Genere insignes.

235. — Pleraque adjectiva ablativum postulant, significantem laudem, vituperationem, partem, modum, causam.

La plupart des adjectifs veulent à l'ablatif leur complément, lorsqu'il exprime la louange, le blâme, la partie, la manière, la cause.

Cic. Petit. Consul. 3 : « Non erit difficile certamen cum iis competitoribus, qui nequaquam sunt tam *genere insignes* quam *vitiis nobiles*. » La lutte ne sera pas difficile avec ces compétiteurs, qui ne sont pas aussi remarquables par leur naissance que fameux par leur vices.

Sall. Catil. 5, 9 : « Caius Antonius *pedibus æger.* » Caius Antonius qui avait mal aux pieds. (269)

CAPUT II.

DE CONSTRUCTIONE TRANSITIVA VERBI.

1. — DE CONSTRUCTIONE TRANSITIVA VERBI ACTIVI.

PRÆC. I. — **De accusativo post verbum activum.**

Amavit unice patriam.

236. — Verbum activum post se accusandi casum postulat.

Le verbe actif veut son régime direct à l'accusatif.

Cic. catil. III. 5 : « Avus tuus, clarissimus vir, *amavit* unice *patriam* et *cives* suos. » *Votre aïeul, personnage très-illustre, aima par-dessus tout sa patrie et ses concitoyens.* (293)

PRÆC. II. — **De genitivo præter accusativum, post verba activa.**

I. Hic furti se alligat.

237. — Verba æstimandi, absolvendi, damnandi potissimum :

Accuso, *j'accuse*,
Accerso, vel arcesso, *je cite en justice*,
Alligo (me), *je me reconnais coupable*,
Arguo, *je blâme*,
Infamo, *je diffame, j'accuse*,
Insimulo, *j'accuse*,
Postulo, *je poursuis en justice*,

Absolvo, *j'absous*,
Astringo (me), *je me rends*,
Coarguo, *je convaincs*,
Defero, *je dénonce*,
Incuso, *j'accuse*,
Damno, *je condamne*,
Condemno, *je condamne*,
Convinco, *je convaincs*,

præter accusativum (personæ) genitivum admittunt, qui pænam crimenve significet.

Les verbes qui signifient *accuser, absoudre, condamner*, et surtout les verbes *accuso*, etc. veulent à l'accusatif le nom de la personne, et au génitif le nom qui exprime la peine ou le crime.

Ter. Eunuch. IV. 8.
  Hic *furti se alligat.*
  Il se reconnaît coupable de vol.

Auct. ad Her. II. 13 : « Caius Cœlius judex *absolvit injuriarum eum* qui Lucilium poetam in scena nominatim læserat. » *Le juge Caius Cœlius a absous du délit d'outrage, celui qui sur la scène avait nommément injurié le poète Lucilius.* (295)

  II. Emit homo cupidus tanti.

1. Etiam verba *emendi, vendendi, locandi*, præter accusativum hos fere genitivos assumunt : *tanti, quanti, pluris, minoris, tantidem, quanticumque.*

Les verbes, qui signifient *acheter, vendre, louer*, admettent avec l'accusatif, les génitifs : *tanti*, etc.

Cic. offic. III. 14 : « *Emit* homo cupidus (*hortos*) *tanti, quanti* pythius voluit. »

2. Verba æstimandi, *æstimo, facio, habeo, pendo, puto*, hos fere genitivos assumunt : *magni, maximi, pluris, plurimi, parvi, minoris, minimi, tanti, tantidem, quanti, quanticumque.*

Les verbes qui marquent l'estime, *æstimo, duco*, etc. admettent avec l'accusatif les génitifs : *magni*, etc.

Cic. Fin. II. 17 : « *Magni æstimabat pecuniam.* » Il estimait beaucoup l'argent. (303)

III. Grammaticos officii sui commonemus.

Hæc item verba *admoneo, commoneo, commonefacio, j'avertis*, genitivum habent cum accusativo.

De même les verbes *admoneo*, etc., veulent leur régime indirect au génitif.

Quint. instit. I. 5 : « Grammaticos *officii sui commonemus.* » Nous avertissons les grammairiens de leur devoir.

Eadem tamen pro genitivo possunt ablativum cum præpositione *de* admittere.

Au lieu du génitif, ils peuvent régir l'ablatif avec la préposition *de*.

Cic. leg. man. 15 : « *De quo vos* paulo ante invitus *admonui.* » Je vous en ai avertis malgré moi peu auparavant. (301)

PRÆC. III. — De dativo cum accusativo post verba activa.

Me tuæ commendo fidei.

238. — Verba *dandi, reddendi, committendi, promittendi, declarandi, anteponendi, postponendi*, præter accusativum dativum exigunt.

Les verbes qui signifient *donner, rendre, confier, promettre, déclarer, préférer, mettre au-dessous*, veulent leur régime indirect au datif.

Ter. Eunuch, V. 2 :

« Ego *me* tuæ *commendo* et *committo fidei.* »

Je me recommande et me confie à votre bonne foi.

Cic. Att. X. 6 : « Meas *cogitationes* omnes *explicavi tibi* superioribus litteris. » *Je vous ai exposé toutes mes pensées dans ma dernière lettre.* (308)

PRÆC. IV. — De gemino dativo præter accusativum

Do tibi hoc laudi.

239. — Verbis *do*, *verto*, *duco*, geminus dativus præter accusativum apponitur. *Do tibi hoc laudi, vitio, culpæ, crimini, pignori. Je vous en fais un titre de gloire ; je regarde cela pour vous comme un défaut, un crime ; je vous le donne en gage.* — *Vertis id mihi vitio, stultitiæ. Vous m'imputez cela comme un défaut, une folie.* — *Id tibi ducis honori, gloriæ, laudi, vitio, damno. Vous vous en faites un honneur, une gloire, un sujet de louange ; vous regardez cela, comme un succès, une perte.*

Les verbes *do*, *verto*, *duco*, employés dans le sens d'*imputer à*, outre l'accusatif, régissent deux datifs. (312)

PRÆC. V. — De gemino accusativo post verba activa.

Silii causam te docui.

240. — Moneo, *j'avertis*, doceo, *j'enseigne*, cum compositis ; item, flagito, *je demande avec instance* ; posco, *je demande* ; reposco, *je rede-*

mande ; rogo, *je demande ;* interrogo, *j'interroge;* celo, *je cache,* duos accusandi casus admittunt.

Les verbes *moneo,* j'avertis, *doceo,* j'enseigne et leurs composés ; ainsi que les verbes *flagito,* etc., régissent deux accusatifs.

Cic. Fam. VII. « 21 : Silii *causam te docui.* » *Je vous ai instruit du procès de Silius.*

Id. pro dom. 6 : « *Me frumentum flagitabant.* » *Ils me demandaient du blé avec instance.* (313)

PRÆC. VI. — De ablativo præter accusativum post verba activa.

Oculos natura membranis vestivit.

241. — Verba *vestiendi, implendi, onerandi, liberandi* et his contraria, ablativum præter accusativum sibi adsciscunt.

Les verbes actifs, qui signifient *vétir, remplir, charger, délivrer,* et ceux qui ont une signification contraire, veulent leur régime indirect à l'ablatif.

Cic. Nat. Deor. II. 57 : « *Oculos* natura *membranis* tenuissimis *vestivit* et sepsit. » *La nature a revêtu nos yeux de membranes très-fines.*

Id. Cæil. 1. 5 : « Magno *me metu liberabis,* dummodo inter me atque te, murus intersit. » *Tu me délivreras de grandes alarmes, dès qu'un mur me séparera de toi.* (313, 316)

DE CONSTRUCTIONE TRANSITIVA

PRÆC. VII. — **De ablativo cum præpositione *A* vel *AB*, præter accusativum post verba activa.**

Id a te facilius exigam.

242. — Verba *petendi, auferendi, removendi, abstinendi, accipiendi*, præter accusativum fere ablativum cum præpositione *a* vel *ab* postulant.

Les verbes qui signifient *demander, enlever, éloigner, écarter, réprimer, recevoir*, veulent ordinairement leur régime indirect à l'ablatif avec la préposition *a* ou *ab*.

Cic. de Orat. II. 29 : « Facilius *id a te exigam.* » J'exigerai plus facilement cela de vous.

Cic. Fam. IV. 13 : « *Quid* studia tua *a te flagitent* tu videbis. » Vous verrez ce que vos études demandent de vous. (317, 319)

PRÆC. VIII. — **De varia activorum constructione.**

Nihil equidem tibi, *vel* a te abstuli.

243. — Quædam modo dativum, modo ablativum cum præpositione habent, præter accusativum, ut, Aufero, *j'enlève*; surripio, *je soustrais*; eripio, *j'arrache*.

Quelques verbes actifs régissent avec l'accusatif, tantôt le datif, tantôt l'ablatif avec une préposition. Tels sont *aufero*, etc.

Plaut. Aulul:

« Nihil equidem *tibi abstuli.* »
Je ne vous ai rien pris.

Cic. Verr. Act. II, l. IV, 16 : « *Ab hoc* abaci vasa omnia, ut exposita fuerant, *abstulit. Il lui enleva toute sa vaisselle exposée sur son buffet.* (321)

II. — DE CONSTRUCTIONE VERBI PASSIVI.

Liberi a parentibus diliguntur.

244. — Verbum passivum post se ablativum postulat cum præpositione *a* vel *ab* : si tamen res inanimata est, fere præpositio supprimitur.

Le verbe passif veut son régime à l'ablatif avec la préposition *a* ou *ab* : on supprime ordinairement la préposition, si le régime est un nom de chose inanimée.

Liberi *a parentibus* diliguntur.
Les enfants sont aimés de leurs parents.

Maximo *dolore* conficior. *Je suis accablé d'une profonde douleur.*

III. — DE CONSTRUCTIONE VERBI NEUTRIUS.

PRÆC. I. — De genitivo post Verbum neutrum.

Jam me Pompeii totum esse scis.

245. — *Sum* genitivum petit, cum possessionem significat.

Le verbe *sum* gouverne le génitif, quand il signifie la possession.

Cic. Fam. II. 3 : « Jam me *Pompeii* totum *esse* scis. » *Vous savez que j'appartiens tout entier à Pompée.*

Item hæc: Satago, *je m'occupe à*; Egeo, Indigeo, *je manque de.*

Régissent aussi le génitif, *Satago*, etc.

Cic. Att. VII. 22 : « Egeo consilii. » *J'ai besoin de conseil.* (272)

PRÆC. II. — **De Dativo post Verbum neutrum.**
Homini jam perdito subvenisti.

246. — 1. Verba neutra quæ *auxilium*, *commodum*, *incommodum*, *favorem*, *studium* significant, dandi casum postulant.

Les verbes neutres qui marquent secours, avantage, désavantage, faveur, application, régissent le datif.

Cic. Verr. Act. II. L. IV. 17 : « *Homini* jam perdito *subvenisti;* » *Vous êtes venu au secours d'un homme déjà perdu.* (279)

2. Dativo item adhæret verbum *sum*, cum *habere* significat, et ejus composita ;

On met aussi le datif après le verbe *sum* quand il est employé pour *avoir*, et après ses composés.

Summa *mihi* tecum necessitudo *est*; *Une grande union existe entre vous et moi.*

Ter. Phorm. II. 3 :

« Tecum nihil rei *nobis est.* »

Vous n'avez rien à démêler avec nous.

Cic. Offic. II. 10 : « Contemnuntur ii qui nec *sibi*, nec *alteri prosunt.* » *On méprise ceux qui ne sont utiles ni à eux-mêmes, ni aux autres.* (280)

3. Multa præterea quæ obsequium, obedientiam, submissionem, repugnantiam significant, ut *inservio*, je sers; *indulgeo*, je suis indulgent; *obedio*, j'obéis; *ausculto*, j'écoute favorablement; *servio*, je sers; *cedo*, je cède à; etc.

En outre, plusieurs verbes qui expriment la complaisance, l'obéissance, la soumission, la répugnance, tels que *inservio*, etc., veulent aussi le datif.

Cic. Pro Sylla. 18 : « *Cui dignitati vestræ repugno?* » *A laquelle de vos dignités suis-je opposé?* (279).

4. Multa denique composita ex verbis neutris et præpositionibus *ad, con, in, inter, ob, præ, sub,* dativum admittunt, ut: assurgo, *je me leve devant;* convivo, *je vis avec;* immineo, *je suis proche de, je menace;* illacrymo, *je pleure sur;* intervenio, *je surviens;* præluceo, *j'éclaire;* succumbo, *je succombe.*

Enfin beaucoup de verbes neutres composés des prépositions, *con, ad*, etc. gouvernent le datif, comme *assurgo,* etc.

Cic. in Pis. 12 : « *Quisnam tibi paruit? Quisnam tibi in curiam venienti assurrexit?* » *Qui t'a obéi? Qui, à ton arrivée au Sénat, s'est levé devant toi?* (283)

PRÆC. III. — De accusativo post verbum neutrum.
Ingrati animi crimen horreo.

247. — Quædam verba neutra etiam post se accusativum postulant ut : horreo, *j'ai en horreur;* calleo, *je sais bien;* exhalo, *j'exhale;* maneo, *j'attends;* inclamo, *j'appelle avec cris* etc.; aro terram, *je laboure la terre;* occo vites, *je herse les vignes,* etc.; vivo vitam, *je vis;* pugno pugnam, *je combats;* servio servitutem, *je sers;* curro stadium, *je cours l'espace d'un stade;* etc.

Quelques verbes neutres gouvernent aussi l'accusatif. Tels sont *horreo,* etc.

Cic. Att. IX : « Ingrati animi *crimen* horreo. » *J'ai en horreur le reproche d'ingratitude.* (293)

PRÆC. IV. — De ablativo post verbum neutrum

Villa abundat melle.

248. — Verba neutra copiam, vel egestatem significantia, et alia quædam post se ablativum petunt.

Les verbes neutres qui expriment l'abondance ou l'indigence, et quelques autres, régissent l'ablatif.

Cic. Sen. 16: « Villa abundat *porco, hœdo, agno, gallina, lacte, caseo, melle.* » *Cette maison de campagne abonde en porcs, en chevreaux, en agneaux, en poules, en lait, en fromage, en miel.*

PRÆC. V. — De ablativo cum præpositione post neutro-passiva.

Rogatus an ab eo vapulasset.

249. — Vapulo, *je suis battu*, Veneo, *je suis vendu*, fio, *je deviens*, ut passionem significant, ita passivorum more construuntur.

Les verbes vapulo, etc. ayant la signification passive, se construisent comme les verbes passifs.

Quint. IX. 2 : « Rogatus an *ab eo* fustibus vapulasset. » *Interrogé s'il avait été frappé par lui.*

Id. XII. 1: « Fabricius respondit se à cive spoliari malle, quam *ab hoste* venire. » *Fabricius répondit qu'il aimait mieux être dépouillé par un concitoyen, que d'être vendu par un ennemi.*

IV. — DE CONSTRUCTIONE VERBI COMMUNIS.

Verres Siciliam depopulatus est.

250. — 1. Communia verba, activa significatione, leges activorum sequuntur.

Lorsque les verbes communs ont la signification active, ils suivent les règles des verbes actifs.

Cic. Verr. 7 : « Verres *Siciliam* per triennium *depopulatus est.* » *Verrès ravagea la Sicile pendant trois ans.*

2. Passiva vero significatione, passivorum more, sextum casum admittunt.

Lorsqu'ils ont la signification passive, comme les verbes passifs, ils gouvernent l'ablatif.

Tit. Liv. XXXVII. 4 : « Omnis ora maritima depopulata ab Achæis erat. » *Toute la côte maritime avait été ravagée par les Achéens.* (326)

V. — DE CONSTRUCTIONE VERBI DEPONENTIS.

PRÆC. I. — **De genitivo post Verbum deponens.**

Misereri mei debent.

251. — Misereor, *j'ai pitié*, obliviscor, *j'oublie,* recordor, reminiscor, *je me souviens*, post se genitivum casum adsciscunt.

Les verbes déponents misereor, *j'ai pitié*, etc. régissent le génitif.

Cic. Att. VI. 5: « Quum *misereri mei* debent, non

desinunt invidere. » *Lorsqu'ils devraient avoir pitié de moi, ils ne cessent de me porter envie.* (276, 277)

PRÆC. II. — De dativo post Verbum deponens.

Nihil possum tibi opitulari.

252. — Verba deponentia quæ significant auxilium, adulationem, damnum, obsequium, repugnantiam, favorem, *item* composita ex præpositionibus et alia multa post se dativum exigunt.

Les verbes déponents qui marquent secours, flatterie, perte, complaisance, répugnance, faveur, ceux qui sont composés de prépositions, et beaucoup d'autres, gouvernent le datif.

« Nihil possum *tibi opitulari* » *Je ne puis en rien vous secourir.*

Cic. pro Syll. 17 : « Ego vero quibus *ornamentis adversor* tuis. » *Pour moi quelles sont donc les distinctions que je vous empêche d'obtenir?* (279, 280, 283)

PRÆC. III. — De accusativo post Verbum deponens.

Mars fortissimum pignerari solet.

253. — Quam plurima verba deponentia postulant post se accusandi casum.

Un très-grand nombre de verbes déponents gouvernent l'accusatif.

Cic. in Ant. XIV. 12 : « Mars *fortissimum quemque* in acie *pignerari* solet. » *Le dieu Mars lui-même se choisit dans la mêlée les plus braves guerriers (pour victimes propitatoires).*

Hujus generis sunt :

Adipiscor,	*j'acquiers.*	Imitor,	*j'imite.*
Admiror,	*j'admire.*	Patior,	*je souffre.*
Comitor,	*j'accompagne.*	Sequor,	*je suis.*
Contueor,	*je considère.*	Ulciscor,	*je venge.*
Depopulor,	*je ravage.*		etc. etc. (293)
Exhortor,	*j'exhorte.*		

PRÆC. IV. — De accusativo cum dativo post Verbum deponens.

Ei præsidium pollicetur.

254. — Quædam verba deponentia, præter accusativum, dativum admittunt, ut minor, minitor tibi mortem, tormenta, *je vous menace de la mort, des tourments;* fateor, confiteor, *j'avoue;* gratulor, *je félicite;* imprecor, *je souhaite.*

Quelques verbes déponents, outre l'accusatif, régissent le datif. Tels sont minor, minitor, etc.

Cic. in Ant. X. 4: « Græcia tendit dexteram Italiæ, suumque *ei præsidium pollicetur.* » *La Grèce tend la main à l'Italie et lui promet son secours.*

Idem. Div. I. 10 : « Cur *tibi hoc* non *gratificer,* nescio. » *Je ne sais pas pourquoi je ne t'accorderais pas cela.* (308)

PRÆC. V. — De accusativo cum ablativo post Verbum deponens.

Haud equidem tali me dignor honore.

255. — Sunt verba deponentia, quæ præter

accusativum, ablativum sine præpositione deposcunt: cujus modi sunt dignor, *je juge digne;* muneror, remuneror, *je récompense;* prosequor, *j'accompagne* cum refertur ad animi affectionem, ut : *prosequor te amore, benevolentia, etc.*

Il y a des verbes déponents qui, outre l'accusatif, régissent l'ablatif sans préposition: Tels sont *dignor*, etc.

Virg. Æn. I. 335 :
« ..... Haud equidem tali *me dignor honore.* »
Je ne me juge point digne d'un tel honneur.
(316)

PRÆC. VI. — **De ablativo cum præpositione præter accusativum post Verbum deponens.**

Vitam a Sylla deprecatus.

256. — Déponentia quædam verba, præter accusativum, ablativum cum præpositione *a* vel *ab* postulant, ut percontor, scitor, sciscitor, *je m'informe de;* mercor, *je fais le commerce;* deprecor, precor, *je demande avec prière.*

Quelques verbes déponents outre l'accusatif, gouvernent l'ablatif avec la préposition *a* ou *ab*: Tels sont *percontor*, etc.

Cic. pro P. Syll. 26 : « Quam multorum hic *vitam est a L. Sylla deprecatus!* » *Par ses instances auprès de L. Sylla, de combien de citoyens n'a-t-il pas sauvé la vie!*

Idem. Tusc. II. 18. « *A viris virtus nomen est mutuata.* » *C'est du mot* vir *que la vertu tire son nom.*
(317)

PRÆC. VII. — De ablativo solo post verbum deponens.

Commoda quibus utimur.

257. — Verba denique deponentia quædam post se ablativum tantum postulant, ut nitor, *je m'appuie sur;* fungor, *je m'acquitte;* utor, *je me sers;* lætor, *je me rejouis;* potior, *je suis maître;* vescor, *je me nourris;* fruor, *je jouis;* glorior, *je me glorifie.*

Enfin quelques verbes déponents ne régissent que l'ablatif, tels sont *nitor*, etc.

Cic. Sext. Rosc. 45 : « Commoda *quibus utimur,* lucem *qua fruimur,* a Deo nobis dari atque impertiri videmus. » *Nous voyons que c'est Dieu qui nous donne et nous dispense les biens, dont nous faisons usage, et la lumière dont nous jouissons.*

(289)

APPENDICE.

QUELQUES GALLICISMES.

On appelle Gallicismes certains tours de phrase propres à la langue française.

On les traduit en latin soit par des latinismes correspondants, soit par des expressions qui en rendent la pensée.

Nous nous contenterons d'en signaler ici quelques-uns.

1. — NOMS, ADJECTIFS.

Le point du jour;	Prima lux.
Le milieu de la nuit;	Media nox.
Goûter du bout des lèvres;	Primoribus labris degustare.
Au commencement du printemps;	Vere primo.
J'ai fait de l'encre;	Atramentum composui.
Un homme de bien;	Vir probus.
Un homme d'esprit;	Homo ingeniosus, solers, acutus.
L'homme du monde le plus savant;	Tam doctus quam qui maxime. Haud vulgariter doctus. Insigniter, eximie, summopere, supra modum, unice doctus. Unus omnium doctissimus, etc.
Les vrais sages, les vrais savants;	Vere sapientes, vere docti.
Tout le monde le dit;	Omnes id dicunt.
Tous les gens de bien le défendront;	Optimus quisque illum defendet.
Dire l'un après l'autre;	Alternis vicibus dicere.
Il se mit à les manger les uns après les autres;	Cæpit vesci singulis.
Pas un seul n'a dit cela;	Ne unus quidem id dixit.
Le premier venu de ceux que j'ai nommés;	Quivis ou quilibet ex iis quos nominavi.

II. — PRONOMS.

C'est moi, c'est moi-même qui l'ai fait;	Ego, ego, ipse feci.
C'est toi qui as crié;	Tu clamasti.
C'est vous qui avez fait du bruit avec les doigts;	Vos digitis concrepuistis.
C'est le temps d'étudier;	Tempus est studendi.
Ce livre est à moi;	Hic liber est meus.
Ce n'est pas à vous de mentir;	Mentiri non est tuum.
Pour moi, je pense;	Ego quidem existimo.
Quel homme est-ce?	Quis ille homo est? Quid hoc hominis est? Quisnam homo est?
Quelle heure est-il?	Quota hora est?
Quel pain veux-tu? du tendre ou du dur?	Qualem tibi vis panem? mollem an durum?
Que la vertu est belle!	Quam pulchra virtus est!
Que de choses en peu de mots!	Quam multa, quam paucis!
J'y penserai;	De hoc videro.
Il y avait deux heures;	Duæ horæ erant.
Il y a des enfants diligents;	Sunt pueri diligentes.
On étudie;	Studetur, student.
On enseigne les enfants;	Pueri docentur.
On enseigne la leçon aux enfants;	Pueri docentur lectionem.

III. — VERBES.

J'ai à parler, à écrire, etc.	Mihi dicendum, loquendum, scribendum est, etc.
Qu'avez-vous à dire?	Quid habes dicendum?
Qu'avait-il à fuir ainsi?	Quid ita fugiebat?
Il a beau dire;	Frustra loquitur.
Comment allez-vous?	Ut vales? Quomodo te habes?
Voilà les choses dont j'ai voulu vous avertir.	Ea sunt quæ te monitum volui.
Vous dites que si, et moi, que non;	Tu ais, ego nego.

Je ne saurais le croire ;	Id credere non possum.
Il fait le malade ;	Ægrum simulat.
Faites-moi savoir ;	Fac ut sciam. Fac sciam.
Il fit établir un pont,	Curavit pontem faciendum.
Votre lettre m'a fait connaître ;	Ex litteris tuis cognovi.
Faire rire, faire pleurer ;	Risum concitare, lacrymas movere.
Je dois bâtir une maison ;	Ædificanda est mihi domus. Oportet ut domum ædificem. Opus mihi est ut ædificem domum.

IV. — PRÉPOSITIONS, ADVERBES.

A dire vrai ;	Ut verum dicam, fatear.
A ce que je crois ;	Ut opinor.
Sans hésiter, sans pleurer ;	Sine cunctatione, sine lacrymis.
Je le dis sans rire ;	Extra jocum loquor.
Qui pourrait l'entendre sans rire ;	Quis eum audiat sine risu ?
Il m'a regardé sans me saluer ;	Me non salutatum aspexit.
J'entre malgré vous ;	Ingredior te invito. Velis nolis, irrito conatu tuo.
Je l'ai renvoyé malgré moi ;	Invitus illum dimisi.
Je l'ai renvoyé malgré lui ;	Invitum illum dimisi.
Je l'ai chassé malgré ses cris ;	Illum, quamvis clamitaret, exegi, abegi.
Il a obtenu grâce à force de prières ;	Multis precibus veniam impetravit.
Au lieu de lire, il reste oisif ;	Otiatur, dum legere deberet.

Les adverbes de quantité *que, combien, etc.*, se rendent en latin de différentes manières, qui sont indiquées dans le tableau suivant.

Adverbes de quantité.	Avec un substantif ou un verbe ordinaire (quantité).	Avec un nom de chose qui peut se dire grande.	Avec un nom pluriel de choses qui se comptent.
Combien, que?	quantum	quantus, a, um	quot *ou* quam multi, æ, a
Tant, autant	tantum	tantus, a, um	tot *ou* tam multi, æ, a
Si peu	tantulum	tantulus, a, um	tam pauci, æ, a
Point	nihil	nullus, a, um	nulli, æ, a
Le moins, très-peu	minimum	minimus, a, um	paucissimi, æ, a
Peu	parum	parvus, a, um	pauci, æ, a
Tant soit peu	paululum	exiguus, a, um	. . .
Un peu	paulum, aliquantum	aliquis, a, od	(*quelques*) aliquot
Moins	minus	minor, us	pauciores, a
Beaucoup	multum	magnus, a, um	multi, æ, a
Plus	plus, amplius	major, us	plures, a
Le plus	plurimum	maximus, a, um	plurimi, æ, a
Assez	satis	satis magnus, a, um	satis multi, æ, a
Trop	nimis	nimius, a, um	nimis multi, æ, a
Exemples :	*d'eau*, aquæ. *je lis*, lego.	*d'ardeur*, ardor.	*de soldats*, milites.

ADVERBES

Avec un adjectif, un adverbe, ou un verbe ordin. (intensité)	Avec un comparatif adjectif ou adverbe.	Avec un verbe d'excellence.	Avec un verbe de prix.
quam	quanto	quanto	quanti
(*si, aussi*) tam	tanto	tanto	tanti
tam parum	. . .	tam parum	. . .
non	non	non	non
minime	. . .	minimum	minimi
parum	. . .	parum	parvi
paululum	paululo	paululo	. . .
paulum aliquantum	paulo, aliquanto	paulo, aliquanto	. . .
minus	. . .	minus	minoris
(*fort.*) valde	multo	multo	magni
magis (*ou le comparatif*)	. . .	magis	pluris
maxime (*ou le superlatif*)	. . .	plurimum	plurimi
satis	. . .	satis	satis
nimis	. . .	nimis	nimis
gai, lætus; bien, bene; je vis, video.	meilleur, melior; *mieux*, melius; *avant*, ante. *après*, post.	je surpasse, antecello, emineo, præsto.	je vends, vendo; j'estime, facio.

FIN.

TABLE.

		Pag.
Notions préliminaires.		5

LIVRE 1er. — PREMIÈRE PARTIE.

Chap.	I. — Déclinaison des noms.	7
	1re Déclinaison.	8
	2me Déclinaison.	9
	3me Déclinaison.	11
	4me Déclinaison.	14
	5me Déclinaison.	16
Chap.	II. — Déclinaison des adjectifs.	17
	Adjectifs de la 1re et de la 2me Déclinaison.	17
	Adjectifs de la 3me Déclinaison. . . .	22
	Degré de signification dans les Adjectifs.	26
	Appendice. — Noms irréguliers.	30
Chap.	III. — Déclinaison des Pronoms.	31
	Pronoms personnels.	32
	Pronoms démonstratifs.	34
	Pronoms relatifs.	39
	Pronoms interrogatifs.	40
	Pronoms composés.	41
Chap.	IV. — Conjugaison des Verbes.	43
	Verbe substantif.	45
	Conjugaison des verbes réguliers. . .	52
	1re Conjugaison des Verbes actifs et neutres.	53
	1re Conjugaison des Verbes passifs. .	61
	2me Conjugaison des Verbes actifs. .	69
	2me Conjugaison des Verbes passifs. .	76
	3me Conjugaison des Verbes actifs. .	84
	3me Conjugaison des Verbes passifs. .	90

Appendice à la 3me Conjugaison.	97
4me Conjugaison des Verbes actifs.	102
4me Conjugaison des Verbes passifs.	109
Formation des temps de la voix active.	116
Formation des temps de la voix passive.	119
Conjugaison des Verbes déponents et des Verbes communs.	121
Conjugaison des Verbes irréguliers.	124
Possum.	124
Prosum.	127
Gaudeo.	130
Fero.	133
Feror.	137
Volo.	141
Nolo.	144
Malo.	147
Fio.	150
Eo.	155
Conjugaison des Verbes défectifs.	159
Novi.	159
Cœpi.	163
Edo.	167
Inquam.	168
Aio.	169
Appendice : Verbes défectifs moins usités.	171
Conjugaison des Verbes impersonnels.	173
Oportet.	173
Me Pœnitet.	175
Pugnatur.	178
Chap. V. — Du Participe.	181
Chap. VI. — Préposition.	187
Chap. VII. — Adverbe.	190
Chap. VIII. — Conjonction.	193
Chap. IX. — Interjection.	195
Quelques règles de Syntaxe.	197

LIVRE 1er, SECONDE PARTIE.

Notions supplémentaires.

Chap. I. —	I. Définition des Cas.	205
	II. Comparatifs et Superlatifs	207
	III. Adjectifs numéraux.	209
	IV. Pronoms.	215
	V. Verbes.	216
§ 1.	Verbes passifs.	216
§ 2.	Verbes dérivés.	216
	1. Verbes fréquentatifs.	217
	2. Verbes diminutifs.	217
	3. Verbes inchoatifs.	217
	4. Verbes désidératifs.	218
§ 3.	Modes.	218
	1. Mode optatif.	218
	2. Mode conjonctif.	218
	3. Mode potentiel, permissif ou concessif	219
Chap. II. —	Genre des Noms.	
	Art. 1er. Genre déterminé par la signification.	224
	Art. 2e. Genre déterminé par la terminaison.	229
Chap. III. —	Remarques sur les Déclinaisons.	
	Art. 1er. Cas semblables.	239
	Art. 2e. Noms composés.	239
	Art. 3e. 1re Déclinaison.	242
	Art. 4e. 2e Déclinaison.	245
	Art. 5e. 3e Déclinaison.	248
	Art. 6e. 4e Déclinaison.	260
	Art. 7e. Syncopes.	261
	Art. 8e. Noms irréguliers.	262
Chap. IV. —	Verbes composés, parfaits et supins.	
	Art. I. Verbes composés.	266

§ 1. Changements dans les verbes. . . . 267
§ 2. Changements subis par les prépositions. 269
§ 3. Conjugaison des verbes composés. . 272
Art. 11. Des parfaits et supins des verbes. 273
1° Verbes qui manquent à la fois de parfait et de supin 273
2° Verbes qui manquent seulement de
supin. 274
3° Verbes dont les prétérits et les supins
offrent des difficultés. 277
Verbes déponents et communs. . . . 286
1er APPENDICE. — Verbes communs. 287
2me APPENDICE. — Verbes qui suivent plusieurs
conjugaisons 288
3me APPENDICE. — Verbes qui se conjuguent à la
fois avec la forme active et
déponente. 289

DE ORATIONIS CONSTRUCTIONE PRÆCEPTA QUÆDAM

De Constructione intransitiva.

PRÆCEPTUM I. — De nomine et verbo. 291
PRÆC. II. — De adjectivis et substantivis. . . 292
PRÆC. III. — De relativis 292
PRÆC. IV. — De substantivis continuatis. . . 293
PRÆC. V. — De Nominativo ante et post verbum. 293
PRÆC. VI. — De Nominativo post verbum infinitum. 294
PRÆC. VII. — De Interrogationis et responsionis con-
sensu 295

De Constructione transitiva.

CAP. I. — De constructione nominis. 295
PRÆC. I. — De Genitivo post nomen substantivum 295

TABLE. 333

Præc. II. — De genitivo vel ablativo post nomen substantivum	296
Præc. III. — De genitivo post nomen adjectivum.	296
Præc. IV. — De partitivis	298
Præc. V. — De superlativis	299
Præc. VI. — De genitivo vel dativo post nomen adjectivum.	300
Præc. VII. — De dativo post nomen adjectivum.	301
Præc. VIII. — De dativo, vel accusativo cum præpositione ad, post nomen adjectivum.	302
Præc. IX. — De accusativo vel ablativo post nomen adjectivum.	303
Præc. X. — De ablativo post nomen adjectivum.	304
Præc. XI. — Opus	304
Præc. XII. — De ablativo cum præpositione a vel ab post nomen adjectivum.	305
Præc. XIII. — De comparativis.	306
Præc. XIV. — De ablativo significante laudem, vituperationem, partem, etc.	307
Caput. II. — De constructione transitiva verbi.	308
I. — De constructione transitiva verbi activi.	308
Præc. I. — De accusativo post verbum activum.	308
Præc. II. — De genitivo præter accusativum.	308
Præc. III. — De dativo cum accusativo,	310
Præc. IV. — De gemino dativo præter accusativum.	311
Præc. V. — De gemino accusativo.	311
Præc. VI. — De ablativo præter accusativum.	312
Præc. VII. — De ablativo cum præpositione a vel ab, præter accusativum.	313
Præc. VIII. — De varia activorum constructione.	313
II. — De constructione verbi passivi.	314
III. — De constructione verbi neutrius.	314
Præc. I. — De genitivo post verbum neutrum.	314
Præc. II. — De dativo.	315
Præc. III. — De accusativo.	316

Præc. IV.	— De ablativo.	317
Præc. V.	— De ablativo cum præpositione post neutro-passiva.	317
IV.	— De constructione verbi communis.	318
V.	— De constructione verbi deponentis.	
Præc. I.	— De genitivo post verbum deponens.	318
Præc. II.	— De dativo.	319
Præc. III.	— De accusativo.	319
Præc. IV.	— De accusativo cum dativo.	320
Præc. V.	— De accusativo cum ablativo.	320
Præc. VI.	— De ablativo cum præpositione præter accusativum.	321
Præc. VII.	— De ablativo solo.	322
Appendice.	— Quelques gallicismes.	323

ERRATA.

Page 88, ligne 18, *au lieu de* : Legeretis.
                    lisez : Legeritis.
Page 209, ligne 6, *au lieu de* : qualité.
                    lisez : quantité.
Page 270, ligne 2, *au lieu de* : se change en *s*.
                    lisez : se change en *as*.
Page 273, ligne 1, *au lieu de* : § IV. Des parfaits, etc.
                    lisez : Art. II. — Parfaits et supins.
Page 277, ligne 1, *au lieu de* : 3° Verbes dont les prétérits.
                    lisez : 214 bis, 3° Verbes dont les prétérits.

VICTOR BERTUOT, IMPRIMEUR, MONTAUBAN, PLACE IMPÉRIALE, 9.

www.ingramcontent.com/pod-product-compliance
Lightning Source LLC
Chambersburg PA
CBHW070609160426
43194CB00009B/1234